THÈSE

POUR

LE DOCTORAT

SOUTENUE

Le Lundi 1er Avril 1867

PAR

Auguste VANDERMERSCH

de DEULÉMONT (Nord)

Lauréat de la Faculté de droit de Paris au Concours de 1865.

LILLE

IMPRIMERIE DE LEFEBVRE-DUCROCQ

Rue Esquermoise, 57

1867

THÈSE
POUR LE DOCTORAT

DROIT ROMAIN

DE L'ENVOI EN POSSESSION ET DE LA VENTE EN MASSE DES BIENS DU DÉBITEUR.

DROIT FRANÇAIS

DES EFFETS DU JUGEMENT DÉCLARATIF DE FAILLITE.

L'acte public sur les matières ci-après sera soutenu le lundi 1er avril 1867,
à trois heures,

PAR

Auguste VANDERMERSCH
de DEULÉMONT (Nord)

Lauréat de la Faculté de droit de Paris au Concours de 1865.

Président : M. BLONDEL, professeur doyen.

<table>
<tr><td rowspan="4">Suffragants.</td><td>MM. TALON,</td><td>Professeur.</td></tr>
<tr><td>ACCARIAS,</td><td rowspan="3">Agrégés,
chargés de cours.</td></tr>
<tr><td>JOUEN,</td></tr>
<tr><td>MABIRE,</td></tr>
</table>

Le Candidat répondra en outre aux questions qui lui seront faites sur les autres matières
de l'enseignement.

LILLE

IMPRIMERIE DE LEFEBVRE-DUCROCQ
Rue Esquermoise, 57.

1867

A MON PÈRE, A MA MÈRE

DROIT ROMAIN

DE L'ENVOI EN POSSESSION

ET DE LA VENTE EN MASSE DES BIENS DU DÉBITEUR.

L'envoi en possession et la vente en masse des biens du débiteur dont nous avons à nous occuper dans cette thèse appartiennent au droit sanctionnateur.

Pour faire respecter les engagements, l'ancien droit romain ne connaissait guères que l'exécution sur la personne.

A la suite d'une *condemnatio* ou d'une *confessio in jure*, quand le débiteur n'exécutait pas la sentence dans les trente jours, il était de nouveau conduit devant le magistrat, qui prononçait contre lui l'*addictio*, si un répondant solvable, *vindex*, ne venait le libérer en prenant sa cause. L'*addictus* était livré à son créancier, qui pouvait l'emmener en prison chez lui, le traiter comme esclave. L'*addictio* pourtant n'entraînait aucune *capitis diminutio;* Quintilien (V. 3) nous dit : « *Aliud est servum esse, aliud servire. Qui servus est, si manumittitur, fit libertinus, non itidem addictus* ». Mais si la sentence n'était pas encore exécutée après un nouveau délai de soixante jours, le créancier pouvait vendre le malheureux débiteur comme esclave au-delà du Tibre, *trans Tiberim*, et même le mettre à mort, sauf à en partager les lambeaux, s'il y avait lieu, avec les autres créanciers. (Aulu-Gelle 20. 1.)

A côté de cette contrainte résultant d'une condamnation judiciaire figure une contrainte conventionnelle non moins rigoureuse. En contractant suivant une forme particulière, *per æs et libram*, le citoyen romain pouvait donner à son créancier le droit de s'emparer lui-même et sans jugement de sa personne, en cas d'inexécution de l'obligation. Le contrat fait de cette manière s'appelait *nexum*, et le débiteur qui en subissait la loi portait le nom de *nexus*. Comme les *addicti*, les *nexi* étaient mis à la discrétion de leurs créanciers, qui les emmenaient chez eux et les chargeaient de fers, ou les employaient aux travaux serviles jusqu'à ce qu'ils eussent gagné de quoi payer leurs dettes. Varron (de linguâ latinâ lib. 7, § 105) nous apprend que le nexus conservait sa qualité d'ingénu : « *Liber qui suas operas in servitutem pro pecuniâ quam debêbat dat, dûm solveret, nexus vocatur ut ab ære oberatus* ».

La loi *Petilia Papiria*, rendue vers l'an 428 de Rome, supprima le *nexum;* l'*addictio* continua de subsister.

Telles étaient en peu de mots les voies d'exécution sur la personne.

L'action de la loi *per pignoris capionem* donnait au créancier le droit de saisir certains objets appartenant à son débiteur, et de les conserver à titre de gage jusqu'à ce que l'engagement eût été rempli. Mais, cette action ne s'appliquait que dans quelques cas exceptionnels qui intéressaient le service militaire, les sacrifices, ou le trésor public (Gaius, Comm. iv, §§ 26 et suivants).

En dehors de ces cas, aucun texte ne nous dit d'une manière positive que l'exécution sur les biens fût connue dans les premiers siècles de Rome. Tite-Live, il est vrai, et Denys d'Halicarnasse nous apprennent que le peuple demandait sans cesse dans ses réclamations qu'il n'y eût d'autre exécution que celle sur les biens (Tite-Live, ii, 23 et 24. — Denys d'Hal., iv, 19 ; vi, 37, 41, 79). Mais, tous les auteurs sont muets et sur la manière dont pouvait s'accomplir cette exécution, et sur les effets qu'elle aurait pu produire ; il est donc vraisemblable que, si elle existait, elle était du moins peu usitée.

Quoi qu'il en soit, l'exécution sur les biens se développa sur une large échelle lorsqu'un préteur du nom de *Publius Rutilius* eut introduit, vers le septième siècle de Rome, la *venditio bonorum*. Ce préteur, suivant la méthode adoptée par tous les magistrats de son ordre, n'a fait que donner au droit civil une extension nécessitée par les progrès de la civilisation ; la *manûs injectio* lui a fourni la procédure et les délais ; il a puisé les conséquences et les résultats, dans la *sectio bonorum*, institution du droit civil qui consistait dans la vente en masse des biens de celui qui, sur une accusation publique, *per judicium publicum*, avait été condamné à une peine entraînant application de ses biens au trésor public.

Abordant notre sujet, nous le diviserons en deux chapitres ; le premier sera consacré à l'étude de l'envoi en possession des biens du débiteur ; dans le second, nous traiterons de la *venditio bonorum*.

CHAPITRE PREMIER.

DE L'ENVOI EN POSSESSION DES BIENS DU DÉBITEUR.

La *venditio bonorum* ne peut avoir lieu s'il n'y a eu préalablement *missio in bona*, c'est-à-dire si les créanciers n'ont été préalablement envoyés en possession des biens de leur débiteur (Gaius, Com. III, § 78).

Cet envoi en possession préliminaire de la *venditio bonorum* fut aussi introduit par le préteur Publius Rutilius ; il n'est pas le seul qui existait dans la législation romaine ; aussi, pour le distinguer des autres, les jurisconsultes romains lui donnaient le nom de *missio in possessionem rei servandæ causâ.* (Loi 1 Ulp. D. Quib. ex caus. in possess.)

SECTION I.

Dans quel cas a lieu l'envoi en possession rei servandæ causâ.

La *missio in bora rei servandæ causâ* a lieu, comme nous l'apprend Gaius (Com. III, §§ 77 et 78) soit contre les vivants, soit contre les morts.

Examinons d'abord les cas où elle a lieu contre les vivants.

I. L'envoi en possession a lieu pour assurer l'exécution des jugements, c'est-à-dire à la suite d'une *condemnatio* ou d'une *confessio in jure.* Ce cas st probablement celui qui a donné la première idée de l'institution, et il est certainement le plus usité. Comme dans la *manûs injectio*, le débiteur a, pour exécuter le jugement rendu contre lui, un délai de trente jours, qui pouvait être étendu ou restreint suivant les circonstances. (Gaius, Com. III, § 78 in fine). Après ce laps de temps, le créancier qui ne pouvait obtenir satisfaction se faisait envoyer en possession des biens du débiteur condamné suivant les formes que nous déterminerons plus loin.

II. La cession des biens nous offre le second cas d'envoi en possession contre les vivants.

Cette institution est due à une loi *Julia*, qui, d'après les uns, remonterait à Sylla, et, d'après les autres, aurait été promulguée au temps de Jules-César. Nous devons sur ce point nous borner à des conjectures.

Elle consistait en ce que le débiteur, à la suite d'une condamnation ou d'un aveu devant le magistrat, abandonnait tous ses biens à son créancier. Elle évitait à ce débiteur l'infâmie résultant de la *venditio bonorum* (loi 11, Code, qui bonis cessit); elle l'exemptait de la contrainte par corps (loi 1, eod. tit.), et elle lui procurait le bénéfice de compétence, c'est-à-dire le droit de n'être poursuivi à l'avenir que *in id quod facere poterat* (Inst. de Just. IV, 6, § 10). Mais, elle ne transférait nullement au cessionnaire la propriété des biens vendus; celui-ci devait encore demander l'envoi en possession (Gaius, Com. III, § 79), et faire procéder à la *venditio bonorum* (§ 78 eod.)

La cession des biens devait-elle être précédée nécessairement d'une *condemnatio* ou une *confessio in jure?* Dans la loi 8 au Digeste *de cessione bonorum*, Ulpien nous dit : « *Qui bonis cedit antequàm debitum agnoscat vel condemnetur vel in jus confiteatur, audiri non debet* ». Malgré la décision formelle que ce texte semble renfermer, nous croyons devoir soutenir l'affirmative.

En effet, la cession des biens a surtout pour but de rendre impossible toute voie d'exécution sur la personne; elle s'appliquera donc avant tout au débiteur menacé de cette rigueur; or, depuis la suppression du nexum par la *loi Petilia Papiria*, cette contrainte n'est possible qu'à la suite d'une *condemnatio* ou d'une *confessio in jure*;

De plus, en laissant subsister tel qu'il existe au Digeste le texte précité d'Ulpien, il faut reconnaître dans les mots *Vel in jus confiteatur* une superfluité qui ne se concilie guères avec le laconisme d'Ulpien; car, ce jurisconsulte devait donner à un aveu fait devant un magistrat au moins autant de force qu'à un aveu extrajudiciaire. Dès lors, pourquoi ajouter après les mot *debitum agnoscat*, les expressions *in jus confiteatur?* Cette addition était complètement inutile.

Enfin, se contenter, pour autoriser la cession de biens, d'une simple reconnaissance faite hors la présence du magistrat, c'est ne plus soumettre cette cession à la nécessité d'aucun aveu, attendu que le fait même de céder ses biens à son créancier implique la reconnaissance de la dette.

J'opine donc à dire que le texte d'Ulpien a été interpolé par les rédacteurs du Digeste, qui y ont ajouté les mots *Antequàm debitum agnoscat* ; et, si mon opinion est fondée, il faut en conclure que la cession de biens devait être précédée d'une *condemnatio* ou d'une *confessio in jure*.

La cession de biens devait, du reste, avant Justinien, se faire par une déclaration devant le magistrat (Loi 6 au Code qui bon. ced.). Justinien supprima la nécessité de cette déclaration (Loi 9 D, de cess. bonor.).

Elle devait comprendre tous les biens soumis à la *venditio bonorum*, et, par suite, ceux qui n'ont pas de biens ne sauraient jouir de ce bénéfice. Justinien (loi 6 au Code qui bon. cedere) l'accorda aux fils de famille qui n'avaient pas de pécule.

Enfin, jusqu'à la vente, la cession de biens n'a rien d'irrévocable : « *Quem pœnitet bonis cessisse, potest, defendendo se, consequi ne bona ejus veneant* ». (Loi 5 D, de cess. bon.)

Reste à nous demander si tous les débiteurs pouvaient faire cession de biens.

La plupart des auteurs refusent cette faveur aux débiteurs de mauvaise foi.

L'exécution sur la personne, disent-ils, continua de subsister après l'introduction de la cession de biens. (Aulu-Gelle, Nuits Attiques XX, 1.) Or, si elle continua de subsister, il faut trouver une classe de personnes qui y restèrent soumises, et ces personnes ne peuvent être que les débiteurs de mauvaise foi ! — Il est incontestable que l'exécution sur la personne continua de subsister après la promulgation de la loi qui introduisit la cession de biens ; mais, il est faux de dire que cette rigueur ne pouvait trouver d'autres victimes que les débiteurs de mauvaise foi. Car, pour céder ses biens, il faut avant tout en avoir ; or, il ne manquait pas à Rome de prolétaires qui ne possédaient rien ; la contrainte par corps pouvait donc leur être appliquée.

Quant aux textes que nos adversaires invoquent, nous ne citerons que le plus important. C'est la constitution première au code Théodosien *Qui ex lege Juliâ bon ced.* Cette constitution refuse le droit de faire cession de biens *au debitor fisci*, et au *retentator ac debitor alienæ rei in auro atque in argento diversisque mobilibus*, s'ils n'ont été victimes de malheurs ; de vols, par exemple, d'incendie, de naufrage. Et l'on conclut de ce texte que les débiteurs des particuliers comme les débiteurs du fisc ne peuvent faire cession de biens s'ils n'ont eu à subir une force majeure de ce genre. — Pour nous, nous ne sommes pas bien apaisé sur le sens des dernières expressions que nous avons citées, et nous avons peine à y reconnaître les débiteurs des particuliers opposés aux débiteurs de l'Etat. Nous aimons mieux avec M. Tambour (voies d'exécution, tome 1er, page 132) voir dans les *debitores fisci* les contribuables, et dans les *detentatores rei alienæ* les officiers chargés de la perception des impôts et comptables envers le fisc. Et, ce qui prouve que notre opinion est fondée, c'est que la loi 4 du même titre refuse le bénéfice de la cession de biens aux débiteurs du fisc, sans parler des autres débiteurs.

Pour nous résumer, constatons qu'aucun texte ne consacre clairement la distinction que nos adversaires proposent. Ce silence sur un point aussi important nous autorise à dire que cette distinction n'existait pas, et que la cession de biens pouvait être faite même par les débiteurs de mau-vaise foi.

III. Le préteur accorde encore l'envoi en possession quand le défendeur est absent et n'est pas suffisamment défendu au procès. (Gaius, Com. iii, § 78).

Quand la *litis contestatio* avait eu lieu, l'absence du débiteur donnait lieu à la procédure par contumace, qui permettait de rendre la sentence. Mais, en cas d'absence du défendeur avant la *litis contestatio*, les Romains ignoraient le prononcé des jugements par défaut, et il n'y avait alors pour le demandeur qu'une seule ressource, due à la vigilance du droit prétorien, celle de demander l'envoi en possession *rei servandæ causâ*. Et encore pour cela, fallait-il que le défendeur fût *indefensus*, c'est-à-dire que personne ne vint soutenir le procès pour lui en fournissant la *cautio judicatum solvi*. Du reste, il ne pouvait y avoir de défendeur *indefensus* dans le cas où la demande intentée n'était pas fondée (lois 2, § 5 et 7 § 14 D. Quib. ex-caus. in poss.), comme aussi lorsque le demandeur n'avait pas observé les règles de la compétence.

Que décider dans le cas où le défendeur à l'action étant un pupille, le tuteur ne vient pas plaider pour lui ? Ulpien répond dans la loi 5 § 1 au digeste quib. ex caus in poss.: « *Non defendi pupillum constare debet;... evocandi sunt ad prætorem tutores pupilli ut defendant ; si autem non habet tutores, requirendi cognati vel adfines... liberti etiam evocandi... si autem negent se defendere, aut non negent sed taceant, tunc prætor possessionem dabit... Idem est et in furioso.* »

Enfin, il faut assimiler au défendeur absent, celui qui, étant présent, refuse de se défendre. (Loi 52 Ulp. D. 50. 17).

IV. A Rome, quand un citoyen subissait la *Minima Capitis deminutio*, les dettes qu'il avait contractées précé-

demment s'éteignaient ; et cela, par une conséquence
logique des principes du droit : la personne du droit civil
ayant disparu, et le *paterfamilias* ne pouvant être obligé
par les personnes qu'il avait en sa puissance. Cette déduction, malgré sa logique, renfermait une iniquité énorme
qui ne pouvait manquer de disparaître ; et ici, c'est encore
à la *missio in bona* que le droit prétorien eut recours. A
l'aide d'une sorte de *restitutio in integrum*, le préteur agit
comme si la *Capitis deminutio* n'avait pas eu lieu ; il donna
au créancier le droit de poursuivre par une action utile son
débiteur *capite minutus*, sauf à lui accorder ensuite, si
celui-ci n'était pas défendu par le *paterfamilias*, l'envoi en
possession des biens *quæ capite minuti futura fuissent.*
(Gaius, Com. iii § 84).

Tels étaient en résumé les différents cas d'envoi en possession que le préteur avait imaginé contre les vivants.
Ainsi que nous l'avons vu, il accordait aussi cet envoi
contre les morts, dans deux circonstances principales
savoir :

La première, *Cùm certum est neque bonorum possessores,
neque alium justum successorem existere.* (Gaius, Com. iii,
§ 78). Et, cette certitude existait, soit que le défunt n'eût
pas laissé d'héritier testamentaire ou légitime, soit que
ses héritiers eussent refusé de faire adition, soit même que
son fils héritier sien et nécessaire eût usé du bénéfice
d'abstention. Du reste, comme le dit Ulpien dans la loi 3
au Digeste de curatore furioso et aliis dando, *dùm delibe-
rant heredes instituti adire, bonis a prætore Curator datur;*
car, ajoute le jurisconsulte dans la loi 8 au Digeste quib. ex
caus. in poss., « *si diù incertum sit hære exstaturus necne
sit, causâ cognita permitti oportebit bona rei servandæ
causâ possideri.* »

La seconde, *cùm creditores heredem suspectum putant.*
(Ulpien, Loi 31. D. de reb. auct. jud.). Le mot *suspectus*, dit

Ulpien, s'entend de l'héritier qui, à cause de sa pauvreté, ne pourra payer les dettes du défunt. Dans ce cas, les créanciers *satisdationem exigere possunt*......, et, si ce fidéjusseur n'est pas fourni après l'ordre formel du magistrat, *bona hereditatis possidere venumque dari permittere jubebit.*

SECTION II.

Comment s'obtient l'envoi en possession.

Les conséquences de la *missio in bona* étaient trop importantes pour ne pas la soumettre à l'appréciation de l'autorité publique. Personne, d'ailleurs, n'a le droit de se rendre justice à lui-même. Aussi, pour obtenir l'envoi en possession des biens de son débiteur, le créancier devait-il s'adresser aux magistrats supérieurs : à Rome, au préteur ou à l'édile, selon la limite de leur juridiction ; dans les provinces, aux gouverneurs.

Suivant la législation romaine, le plaideur gagnant, qui voulait faire exécuter la sentence rendue en sa faveur, devait s'adresser au magistrat qui avait nommé le juge (Loi 15 pr. Ulp. D. 42, 1) ; ou du moins, si, en matière réelle, les présidents des provinces pouvaient faire exécuter une sentence rendue à Rome, ils ne possédaient ce droit que sur un ordre formel et spécial du préteur, *si hoc jussi fuerint* (Loi 15, § 1 cod. tit.).

Il est vraisemblable que cette règle générale s'appliquait également à la *missio in bona.* Gaius consacre formellement ce principe à l'égard de la *Venditio bonorum* (Lois 1, 2 et 3 D. de reb. auct. jud. 42, 5). Quant à la *missio in bona,* Paul semble donner une décision opposée dans la loi 12, § 1 du même titre ; mais nous pouvons conjecturer que ce texte ne fait qu'appliquer la restriction que nous avons posée, à savoir que les magistrats, dans le ressort desquels se trouvent les biens, obtempéreront à l'ordre formel du magistrat qui aura rendu la sentence.

Il est probable que l'envoi en possession devait être accordé à l'audience *pro tribunali*, dans le cas où elle avait lieu à la suite d'une *condemnatio* ou d'une **confessio in jure**, comme aussi lorsque le débiteur avait refusé de se défendre, ou qu'il était un incapable *indefensus*, ou enfin, lorsqu'il s'agissait d'un envoi en possession contre les morts. Dans tous ces cas, en effet, les circonstances dans lesquelles se présentent l'envoi en possession font croire qu'il devait y avoir préalablement *causæ cognitio*, c'est-à-dire examen du fond de droit, lequel examen, ainsi que le dit Ulpien dans la loi 71 au Digeste de **regulis juris**, ne pouvait avoir lieu que *pro tribunali*.

En dehors de ces cas, on peut conjecturer que l'envoi en possession pouvait être accordé sur simple requête.

SECTION III.

Qui peut demander l'envoi en possession et à qui il profite.

L'envoi en possession des biens du débiteur insolvable peut être demandé par tous les créanciers dont le droit est actuellement exigible (Loi 5, 2, Ulp. D. Ut. in poss. leg. 36, 4). Obtenu par l'un, il profite à tous, même lorsque celui qui l'a obtenu vient à être désintéressé (Loi 12 pr. de reb. auct. jud. D. 42, 5).

Quant à savoir si les créanciers à terme ou conditionnels pouvaient obtenir la *missio in bona rei servandæ causâ*, je crois que les jurisconsultes romains étaient divisés sur cette question.

C'est ce qui me paraît résulter des lois 6 pr., 7, § 14 et 14, § 2, au Digeste Quibus ex causis in possessionem eatur. Il est impossible de trouver entre ces trois textes une conciliation raisonnable.

SECTION IV.

Sur quels biens porte l'envoi en possession.

L'envoi en possession frappe tous les biens du débiteur, en y comprenant ceux que l'action paulienne fera rentrer dans son patrimoine (Cicéron, pro Quintio, ch. 20).

Il faut en excepter : 1° Les biens indiqués par Paul dans les lois 20 et 38 pr. au Digeste de rebus auct. jud. savoir : *statuæ in publico positæ in honorem ejus cujus bona distrahuntur..... concubina et liberi naturales ;* 2° En cas d'abstention de l'héritier sien et nécessaire les biens de cet héritier, relativement aux créanciers du défunt ; 3° De même, en cas de séparation des patrimoines, et suivant les personnes par qui elle a été obtenue, les biens du défunt ou ceux de l'héritier.

Je crois que, dans la *missio in bona* obtenue par les créanciers du mari, il fallait comprendre le fonds dotal. En effet, la *loi Julia*, qui défendait au mari, quoique *dominus dotis*, d'aliéner l'immeuble dotal, n'appliquait sa prohibition qu'aux aliénations volontaires ; or, l'envoi en possession était une mesure d'exécution forcée. Toutefois, comme la *Venditio bonorum*, qui suivait la *missio in bona*, constituait un titre d'acquisition *per universitatem*, il fallait appliquer ici ce que dit le jurisconsulte Paul dans la loi 1, § 1, au Digeste de fundo dotali, 23, 5 : « *per universitatem transit prædium, cum suo tamen jure, ut alienari non possit.* »

Il n'y a pas lieu de s'étonner de ce que, même dans le cas d'actions *in rem*, l'envoi en possession frappât tous les biens du débiteur, quand on se rappelle que, sous le système formulaire, toutes les condamnations étaient pécuniaires, de sorte que celui qui réclamait un objet n'obtenait jamais qu'un équivalent en argent.

Toutefois, il existait deux cas où la *missio in bona* obtenue par le demandeur se bornait à la chose réclamée. Le premier, quand le défendeur avait refusé de fournir la *Cautió Judicatum solvi* (sentences de Paul, livre 1, 11, 1) ; le second lorsque le défendeur *in jure interrogatus an fundum possideret respondere noluerit* (Loi 20, § 1, D. de int. in jure).

En dehors de ces circonstances, nous voyons plus d'une fois les jurisconsultes romains se prononcer contre l'envoi en possession général (Loi 7, §§ 10 et 17, Ulp. D. quib. ex caus, in poss. ; — Loi 7, §§ 18 et 19, Ulp. eod. tit. ; — Loi 45 Scœvola D. de damno infecto). Il est probable que ces textes ne contiennent que des décisions isolées, contraires même aux principes du droit et à la marche ordinaire de la procédure. Mais, du moins, ils sont une preuve de la répulsion qu'on commençait à avoir pour la généralité de la *missio in bona*, et un présage de sa disparition. L'envoi en possession général tomba, en effet, en désuétude, sous les empereurs du Bas-Empire.

SECTION V.

Des effets de l'envoi en possession.

La *missio in bona* enlève au débiteur l'administration et la jouissance de ses biens (Loi 33, pr. Ulp. D. de reb. auct. jud.) ; elle le met dans la nécessité de fournir la *cautio judicatum solvi* toutes les fois qu'il plaidera en qualité de défendeur (Gaius, Com. IV, § 102) ; enfin elle lui ferme l'entrée des fonctions municipales (Table d'Héraclée).

Quant aux créanciers, l'envoi en possession ne leur transférait pas la propriété des biens du débiteur (Loi 6 au Code de bon. auct. jud. 7, 72) ; il ne leur en donnait même pas la possession *ad usucapionem vel ad interdicta*

(Loi 8, eod. tit. ; — Loi 3, § 8, Ulp. D. uti possid. 43, 7) ;
il leur conférait la simple détention du patrimoine dont
ils avaient été nantis par ordre du préteur, détention qui
s'appliquait aux droits incorporels , en ce sens que ces
droits étaient soumis à la *Venditio bonorum* (Loi 8 Javole-
nus D. 3, 4).

Deux moyens étaient mis à la disposition des créanciers
pour faire respecter cette détention.

L'un consistait dans l'emploi de la force publique,
Manus militaris;

L'autre, dans l'interdit *ne vis fiat ei qui in possessionem
missus est.*

Pour nous rendre compte de cet interdit, ouvrons le
Digeste, et parcourons le titre 4 du livre 43.

Ulpien nous y apprend qu'il ne pouvait s'appliquer que
contre ceux qui avaient usé de dol envers les créanciers
(loi 1 pr. §§ 3. 4 et 6); qu'il avait pour but de faire
obtenir à ces derniers le montant de l'intérêt (§ 5 même
loi): qu'il devait s'intenter dans l'année du dol et qu'il se
donnait contre les héritiers que *in id quod ad eos perve-
nerat* (§ 7);

Et Paul ajoute, dans la loi 2 eodem titulo : « *Suo quis
an alieno nomine prohibitus sit nihil interest; item tàm is
tenetur qui suo nomine quàm qui alieno nomine prohibuit.*»

Outre cet interdit, l'envoi en possession donnait encore
aux créanciers un droit de gage, *pignus prœtorium*, sur
les biens du débiteur. (Loi 5 pr. Ulp. D de pign. act.) ; et,
comme le gage était un contrat qui ne pouvait se former
que par la tradition de la chose qui en faisait l'objet, *re*,
le *pignus prœtorium* n'existait pour les créanciers que
lorsqu'il y avait eu détention effective des biens du débiteur. (Loi 26 § 1 eod. tit.).

Il est probable que les créanciers avaient tous les droits
et toutes les actions qui naissent ordinairement du Con-

trat de Gage, notamment, au point de vue personnel, l'*Actio pigneratitia contraria* pour se faire rembourser les dépenses ou les dommages que la garde du patrimoine aurait pu leur occasionner, et, au point de vue réel, l'*Actio quasi-serviana* contre les tiers-détenteurs. Ils avaient probablement aussi le droit de préférence sur tous créanciers postérieurs.

Enfin, les créanciers avaient le droit de faire un inventaire (ἀναγραφήν) pour se rendre un compte exact de la position. (Loi 15 pr. Ulp. de reb. auct. jud.).

Quant à l'administration des biens, que le débiteur lui-même avait perdue, elle était ordinairement confiée à un curateur, nommé par les créanciers, à la majorité, et confirmé par le magistrat. (Loi 2 Ulp. De curatore bonis dando) ; en cas de nécessité, et sur l'ordre formel de l'Empereur, le curateur ainsi nommé était obligé d'accepter. (Loi 2 § 3 eod. tit.).

Le curateur exerce les actions du débiteur, acquitte les dettes dont le non-paiement ferait encourir une clause pénale, passe les baux des biens, vend les récoltes, en un mot, fait tous les actes que peut entraîner une sage administration. Il est comptable des revenus qu'il n'a pas perçus, des détériorations qu'il a laissé commettre ; mais, comme toute personne qui rend un service gratuit, il n'est probablement tenu que de son dol ou de sa faute lourde. Ulpien (loi 2 § 2 eod tit.), nous apprend que, si *plures constituantur curatores, est in solidum posse agere et conveniri, non pro portionibus, nisi per regiones fuerint constituit.*

Si le choix du curateur fait par les créanciers a été confirmé par le magistrat, ceux qui l'auront nommé agiront contre lui, pour lui faire rendre ses comptes, par *l'actio mandati*; les autres emploieront *l'actio negotiorum gestorum.* Que si l'adhésion du magistrat n'a pas confirmé le vote des créanciers, le curateur sera tenu par l'*actio mandati* envers ceux qui l'auront nommé, et ceux-ci seront soumis au recours des autres, soit par une *actio negotiorum gesto-rum*, soit par une *actio in factum*. (Loi 22 § 10 Paul D. Mandati. — Loi 5 Julien D. de Curat. bon. dando.).

Enfin, dans le cas où les créanciers avaient administré eux-mêmes sans nommer de curateur, ils étaient tenus l'un envers l'autre par une *actio in factum* ou par l'*actio de dolo* (loi 9 pr. et § 8 D. de reb. auct. jud.).

SECTION VI.

Comment finit l'envoi en possession.

Pour terminer notre premier chapitre, nous n'avons plus qu'à nous demander par quels moyens le débiteur pouvait mettre fin à l'envoi en possession *rei servandæ causâ* obtenu contre lui.

Quand il y a eu *Missio in bona* à la suite d'une *condem-natio*, ou d'une *confessio in jure*, ou d'une *cession de biens*, ou d'une *absence dolo malo*, le débiteur n'a d'autre moyen de la faire cesser que de se soumettre à la prétention de son adversaire. Notre solution est évidente pour les trois premiers cas; quant au troisième, elle résulte de la loi 34 au Digeste de reb. auct. jud.

Obtenue contre un débiteur *indefensus*, elle cessera si ce débiteur vient se défendre en fournissant la *cautio judi-catum solvi* (loi 33 Ulp. D. de reb. auct. jud.), fidéjussion qui n'était pas exigée du mineur devenu majeur (loi 33 § 2 D. Quib. ex caus. in poss.), ni probablement de celui qui s'était absenté *reipublicæ causâ sine dolo malo* (loi 35 D. de reb. auct. jud.).

Enfin, en cas d'envoi en possession d'un objet particu-lier ainsi que cela se pratiquait depuis Dioclétien, *licebat debitori intrà annum se offerenti, cautionemque suscipiendæ litis danti, eamdem rem recipere superque ea cognitionalia subire certamina.* C'est ce que nous apprend la constitution 8 au Code § 3 lib. 7. 37).

' Quant aux deux cas d'envoi en possession contre les morts, je ne connais aucun texte qui s'occupe de la question que nous traitons. Il est probable que si un héritier venait faire adition, ou si l'*heres suspectus* fournissait la caution exigée de lui avant la *venditio bonorum*, l'envoi en possession pouvait cesser.

CHAPITRE DEUXIÈME.

DE LA VENDITIO BONORUM.

SECTION PREMIÈRE

Dans quels cas a lieu la Venditio bonorum.

Nous avons dit que la vente en masse des biens du débiteur ne pouvait avoir lieu s'il n'y avait eu préalablement *missio in bona.*

Mais, la *venditio bonorum* pouvait-elle toujours être opérée après un envoi en possession ?

Gaius donne une réponse affirmative pour les cas où la *missio in bona* résulte d'une *condemnatio*, d'une *confessio in jure*, d'une cession de biens, ou d'une *minima capiti deminutio* subie par le débiteur. (Com. III, §§ 78 et 84).

Pour le cas d'absence du défendeur, Ulpien nous apprend que *bona ejus qui fraudationis causâ latitavit jussu prætoris vendentur* '(loi 7 § 1 D. Quib. ex-caus. in poss.). *Latitare fraudationis causâ*, c'est, dit le même jurisconsulte (loi 7 § 9 eod.), *cum tractu aliquo latere, quemadmodùm factitare frequenter facere ;... et latitatio animum et affectum latitantis se desiderat.*

S'il y a absence sans *latitatio*, la *venditio bonorum* ne sera possible que dans le cas où le débiteur aura promis par fidéjussion de soutenir le procès. (Loi 2 § 1 eod.).

Nous assimilerons au débiteur *latitans* celui qui *præsens negat se defendere aut non vult suscipere actionem.* (Loi 52 D. de regulis juris).

A l'égard du pupille *indefensus*, si la dette dont il est grevé lui est arrivée par succession, la vente pourra s'appliquer aux biens dont il aura hérité, *iniquum enim esset eum qui nihil cum pupillo contraxit exspectare ejus pubertatem.* Mais, si la dette est née en sa personne, le droit des créanciers s'arrêtera à la *missio in bona*, tant que le pupille n'aura pas atteint l'âge de puberté. (Ulp. loi 3 pr. Quib. ex caus. in poss.); et, cette décision s'applique aussi au défendeur *qui reipublicæ causâ sine dolo malo abfuit* (Ulp. loi 6 §§ 1 et 2 eod. tit.), et au *furiosus* (loi 7 § 10 eod. tit.). Toutefois, à l'égard du *furiosus*, le jurisconsulte ajoute : *planè interdùm bona ejus causâ cognita vendenda erunt, si urgeat æs alienum, si dilatio damnum sit allatura creditoribus.* (Loi 7 § 11 eod. tit.). Il est probable que cette restriction n'était pas personnelle au *furiosus*, qu'elle s'appliquait, au contraire, à tous les cas où la *venditio bonorum* n'était pas possible à la *suite de la missio in bona.* Quoi qu'il en soit, c'est avec cette restriction qu'il faut traduire la loi 5 au Digeste de reb. auct. jud. où le jurisconsulte dit que le mineur de vingt-cinq ans non-défendu encourra la *venditio bonorum etsi non latitet;* en effet, le même jurisconsulte Ulpien, dans la loi 7 § 11 au Digeste Quib. ex caus. in poss. met sur la même ligne tous ceux qui ont un curateur. Donc, il doit en être du mineur de vingt-cinq ans comme du *furiosus*, sinon il faut admettre de la part d'Ulpien une évidente contradiction.

Enfin, quand l'envoi en possession aura eu lieu contre les morts, la *Venditio bonorum* sera toujours possible. (Gaius, Com. III, § 78,)

SECTION DEUXIÈME

Des formes de la vente en masse.

Obtenu contre les vivants, l'envoi en possession devait durer trente jours; contre les morts, sa durée n'était que de quinze jours. (Gaius, Com. § 78.)

Ces délais expirés, les créanciers s'adressaient au préteur pour obtenir de lui l'autorisation de nommer un *Magister, id est eum per quem bona veneant.*

Il ne faut pas confondre ce *magister* avec le *Curator* dont nous nous sommes occupé en traitant de l'Envoi en possession. Paul, dans la loi 1 § 1 au Digeste de curatore bon. dando, indique bien que les personnages n'étaient pas les mêmes. Ce qui a pu opérer une confusion, c'est que Gaius ne parle pas du *Curator*. Mais, ce silence s'explique naturellement en ce que le jurisconsulte, s'occupant de la *Venditio bonorum* comme d'un mode de transmission *per universitatem*, n'avait aucunement besoin d'entrer dans les détails de la *Missio in bona*.

Les fonctions du *Curateur* étaient d'administrer les biens compris dans l'envoi en possession, celles du *Magister* consistaient à diriger la vente et à recevoir les enchères. Le premier était nommé par les créanciers et confirmé par le magistrat; le second n'était élu que sur l'autorisation du préteur. Enfin, la nomination du Curateur avait lieu dès le début de la *missio in bona*; celle du *Magister* ne se faisait qu'après les délais que nous avons indiqués.

Ceci posé, après la nomination du magister, on dressait une affiche *libellus* qu'on placardait à travers la ville, afin d'attirer des acheteurs; *Quicumque emere velit adesto*

(Cicéron, chap. 15 pro Quintio.) Et, quelques jours après les créanciers s'adressaient de nouveau au magistrat pour obtenir l'autorisation de rédiger le cahier des charges, *lex bonorum vendendorum*, qui s'ajoutait au *libellus* et contenait l'indication des biens du débiteur, et la liste de ses créanciers.

Puis, après un nouveau délai de trente ou de vingt jours, suivant que l'envoi en possession s'était appliqué à une personne vivante ou à un défunt, le *magister* procédait à la vente, qui probablement, comme dans la *sectio bonorum*, avait lieu aux enchères publiques. Gaius nous apprend qu'entr'acheteurs *potior habetur creditor cognatusve, magis tamen creditor quàm cognatus, et inter creditores potioris cui major pecunia celabitur*. (Loi 16 D de rebus auct. jud.)

SECTION TROISIÈME

Des effets de la vente en masse.

L'acheteur était tenu de se conformer aux conditions insérées dans la *lex bonorum vendendorum*; or, le prix de la vente consistait toujours à payer aux créanciers un dividende. Ulpien, dans la loi 7 § 11 au Digeste quib. ex caus. in poss., nous apprend que, pour le cas où on vendrait en masse les biens d'un pupille non défendu, l'acheteur devrait payer à ce pupille l'excédant de l'actif sur le passif.

C'était au moyen d'actions utiles que les créanciers réclamaient au *bonorum emptor* le paiement de ce qui leur était dû. (Gaius, Com. III. § 81); et celui-ci les repoussait par l'*Exceptio pacti* quand ils réclamaient au-delà du dividende qu'il s'était engagé de payer. Il est probable que les créanciers privilégiés pouvaient le poursuivre pour la totalité de leurs droits.

Le *bonorum emptor* était le successeur universel du débiteur. Il n'était pas son héritier, *nàm jus civile solum facit heredes*, mais il était *loco heredis*, et, pour acquérir le *dominium ex jure quiritium* des biens qu'il avait achetés, il avait besoin de l'usucapion, (Gaius, Com. III. § 80).

Nous avons déjà dit que des actions utiles étaient données aux créanciers contre lui. De son côté, il avait deux moyens pour exercer les actions du débiteur. L'un, plus ancien, était l'*action Rutilienne*, créée par le préteur Publius Rutilius, et dans laquelle l'*intentio* de la formule était rédigée au nom du débiteur, et la *condemnatio* au nom du *bonorum emptor*. (Gaius, Com. IV, § 35). L'autre, plus récent, l'*action Servienne*, imaginée probablement pour le cas où la *venditio bonorum* frappait les biens d'un défunt, et où le nom de l'acheteur figure dans l'*intentio* comme dans la *Condemnatio*, en y ajoutant la fiction qu'il est héritier. (Gaius, Com. 4 § 26.)

Au point de vue possessoire, le *bonorum Emptor* avait à sa disposition l'interdit *possessorium*, qui lui permettait de jouer le rôle de défendeur dans les procès qu'il avait à soutenir relativement aux biens qu'il avait achetés (Gaius, Com. III, §§ 145 et 146).

Enfin, quand un tiers était à la fois débiteur et créancier de celui dont les biens avaient été soumis à la *Venditio*, il avait le droit d'opposer au *bonorum Emptor* une sorte de compensation, connue sous le nom de *deductio* (Gaius, Com. IV, § 65). « Dans ce naufrage du
» patrimoine, dit M. Ortolan (Exp. des inst. de Just ,
» tome 3, page 652), il avait paru juste au jurisprudents
» romains que ceux qui s'en trouvaient à la fois débiteurs
» et créanciers ne pussent être contraints au paiement de
» leur dette que déduction faite du montant de leur
» créance. » Contrairement à ce qui se passait dans la compensation ordinaire, cette *deductio* se mettait dans la *condemnatio*, de sorte que le *bonorum Emptor* n'avait pas

à redouter des dangers de la *plus petition*. Mais, d'un autre côté, la personne qu'il poursuivait pouvait faire entrer en compte des créances à terme, non liquides, et d'une autre nature que celles appartenant au débiteur (Gaius, Com. IV, § 66).

Quant au débiteur, la *bonorum Venditio* lui faisait perdre tous ses droits, à l'exception de ceux exclusivement attachés à sa personne, comme par exemple le droit aux *operæ serviles* des affranchis; et encore, à l'égard de ces derniers, il ne pouvait jamais agir *ex ante gesto* (Loi 4, D. de curat. bon. dando; — Loi 40 D. de oper. libert.).

Mais le débiteur qui perdait ainsi ses droits était-il libéré de ses obligations? Sur cette question deux textes se trouvent en présence. L'un, de Vénuléius (Loi 25, § 7, D. quæ in fraudem credit.), indiquant qu'aucune action n'était donnée contre le débiteur *ex ante gesto* après la *Venditio bonorum*; l'autre, de Gaius (Com. II, § 155 in fine), s'exprimant d'une manière toute opposée : « *Quorum bona venierunt pro portione, si quid posteà adquirant, etiam sæpius eorum bona venire solent.* » Comment concilier ces deux textes? Constatons d'abord qu'il est impossible d'admettre que la *Venditio bonorum*, institution émanée du droit prétorien, puisse éteindre des obligations sanctionnées par le droit civil. De plus, ceux qui ont fait cession de biens ne sort pas libérés (Loi au Code Qui bon. cedere pos.); or, ils sont toujours traités plus favorablement que les autres; pourquoi donc le jurisconsulte en aurait-il décidé autrement sur ce point? En traduisant les expressions *pro portione venierunt* par l'idée que la vente n'a donné qu'un dividende aux créanciers, j'opterai pour le texte de Gaius, et je dirai que la *Venditio bonorum* ne libère pas le débiteur. Quant au texte précité de Vénuléius, voici comment je l'explique, avec M. Tambour : pour que les créanciers aient le droit de poursuivre le débiteur, il faut que celui-ci ait acquis de nouveaux biens ; que s'il n'en a pas acquis, il repoussera, par une exception, les actions intentées contre lui, et même, si le dénûment du débiteur est avéré, le préteur refusera l'action, et, en cette occurrence, il sera vrai de dire : *Nullam ex ante gesto actionem patitur.*

Enfin, la *Venditio bonorum*, excepté dans le cas où elle était précédée d'une cession de biens, faisait encourir l'infâmie au débiteur (Gaius, Com. II, § 154).

Elle avait aussi pour effet de dissoudre la société dont il faisait partie (Gaius, Com. III, § 145).

SECTION QUATRIÈME.

Comment disparut la Venditio bonorum.

Tels étaient les effets de la *Venditio bonorum*. Celui que les Romains redoutaient le plus, était l'infâmie qui en était la conséquence, et sur laquelle le Digeste nous offre un titre spécial, le titre 2 du livre 3. C'est pour éviter ce résultat ignominieux que, même sous le système formulaire, la *Venditio bonorum* n'était pas applicable aux *claræ personæ* (Loi 5, Gaius D. de curat. fur. 27, 10). Dans ce cas, le magistrat nommait un curateur chargé de procéder à la vente en détail, c'est-à-dire à la *distractio bonorum*.

Ce système, réservé aux *claræ personæ*, se généralisa sous Dioclétien. Les *Conventus*, c'est-à-dire les assises que les gouverneurs des provinces allaient tenir dans les diverses parties du territoire soumis à leur administration, avaient disparu ; de là, la procédure de la *venditio bonorum* était devenue, sinon impossible, du moins souverainement gênante, à raison des déplacements nombreux que nécessitaient les divers décrets qu'il fallait obtenir du magistrat supérieur. Aussi, l'impossibilité de la pratique changea le fond du droit, et la *Venditio* fut remplacée par la *bonorum distractio*, où il n'est besoin que d'un seul décret, celui qui nomme le Curateur chargé de procéder à la vente en détail.

Il existait entre la *Venditio* et la *distractio* trois différences principales. Dans la première, l'acheteur était acquéreur à titre universel; dans la seconde, il l'était à titre particulier. Celle-ci n'entâchait que très faiblement l'*Existimatio*; celle-là faisait encourir l'infâmie. Enfin, dans la *Venditio*, le Curateur qui avait été chargé d'administrer pendant l'envoi en possession ne pouvait être chargé de vendre sans un nouveau décret du magistrat; il en était autrement dans la *distractio*.

POSITIONS.

I. Ni les *Nexi* ni les *addicti* ne subissaient de *Capitis deminutio*.

II. L'exécution sur les biens était peu usitée dans l'ancien droit romain.

III. La cession de biens devait être précédée d'une *Condemnatio* ou d'une *Confessio in jure*.

IV. Les débiteurs de mauvaise foi pouvaient faire cession de biens.

V. Les jurisconsultes romains étaient divisés sur le point de savoir si les créanciers à terme ou conditionnels pouvaient obtenir l'envoi en possession des biens du débiteur.

VI. L'envoi en possession et la vente comprennent l'immeuble dotal.

VII. Il ne faut pas confondre le *Curateur* chargé d'ad-

ministrer pendant l'envoi en possession et le *magister*
chargé de vendre.

VIII. La *deductio quæ objicitur bonorum emptori* ne
doit pas être confondue avec la compensation.

IX. La *Venditio bonorum* ne libère pas le débiteur.

DROIT FRANÇAIS

DES EFFETS DU JUGEMENT DÉCLARATIF DE FAILLITE.

Le sujet que nous nous proposons de traiter est régi par les articles 443 à 450 du Code du commerce, modifié par la loi du 28 mai 1838.

Il a pour objet d'étudier dans quelle position le jugement déclaratif de faillite place un commerçant insolvable vis-à-vis de ses créanciers.

Cette matière est inconnue en droit civil et devait l'être; car, en droit civil, le débiteur qui ne paye pas ses dettes n'est soumis qu'aux poursuites individuelles de ses créanciers; il conserve sa capacité, et les actes qu'il a faits ne peuvent être attaqués par ses créanciers que lorsqu'ils ont eu lieu en fraude de leurs droits; tandis que le commerçant qui cesse ses paiements est déclaré en faillite et placé, sous le rapport de sa personne, de ses biens et de ses droits, dans un état exceptionnel que la loi a créé dans le but de protéger le crédit public.

Nous n'avons pas à nous occuper spécialement dans cette thèse de tous les résultats que peut amener une déclaration de faillite : ce serait l'étude de la faillite tout entière ; car, c'est seulement après un jugement déclaratif qu'il doit y avoir des syndics et un juge-commissaire, des convocations et des assemblées de créanciers, une vérification et une affirmation de créances, un concordat et une union.

Ce que nous avons à rechercher, ce sont les effets que le jugement déclaratif de faillite produit directement et de plein droit pour l'avenir, et les conséquences qu'il entraîne dans le passé. Cet examen divise naturellement notre travail en deux chapitres.

CHAPITRE PREMIER.

DES EFFETS PRODUITS POUR L'AVENIR PAR LE JUGEMENT DÉCLARATIF DE FAILLITE.

Lorsqu'un commerçant cesse ses paiements, il est, soit sur sa propre déclaration, soit à la requête d'un ou de plusieurs créanciers, soit même d'office, mis en état de faillite par jugement du tribunal de commerce du lieu de son domicile. Ce jugement produit forcément et de plein droit pour l'avenir six effets principaux, savoir : le dessaisissement, la suspension des poursuites individuelles, l'exigibilité des dettes non échues, la cessation du cours des intérêts, la nullité des inscriptions hypothécaires ou privilégiées prises sur les biens du failli après qu'il a été mis en faillite, et enfin certaines incapacités.

L'étude de ces effets sera l'objet d'autant de sections.

SECTION PREMIÈRE.

Du dessaisissement.

Les biens d'un débiteur étant le gage de ses créanciers (article 2093 C. N.), une personne dont l'actif est moindre que le passif n'a plus en réalité entre les mains que la fortune d'autrui. Dans la plupart des cas, la faillite suppose l'insolvabilité ; et, quand même la cessation des paiements serait le résultat d'une simple gêne momentanée, la faillite élève contre le débiteur une présomption de mauvaise gestion. Aussi le droit commercial, pour favoriser le crédit public, enlève au commerçant failli l'administration de ses biens, qu'il transporte à la masse des créanciers représentée par les syndics (art. 443 Code de Com.). C'est en cela que consiste le dessaisissement.

Le dessaisissement frappe le failli d'incapacité, et lui enlève le droit de contracter de nouveaux engagements. Mais il ne peut être invoqué que par les syndics et au nom de la masse, et jamais le débiteur ne peut s'en prévaloir. Ses actes, bien que postérieurs au jugement déclaratif de faillite, sont nuls vis-à-vis de la masse, mais valables vis-à-vis de lui.

Introduit par le Code de commerce 1808, le dessaississement est nécessaire et fatal. *Nécessaire*, il ne laisse aucun pouvoir discrétionnaire aux juges, qui ne peuvent en affranchir le failli ; *fatal*, il résulte de plein droit du jugement qui déclare la faillite. (Art. 443 Code de Com.)

Il atteint tous les biens du failli, *même ceux qui peuvent lui échoir pendant qu'il est en état de faillite*, car tout débiteur, ainsi que le proclame l'article 2092 du Code Napoléon, est engagé sur ses biens présents comme sur ses biens à venir.

Il s'applique aux produits du commerce ou du travail auquel le failli se serait livré depuis le jugement déclaratif. L'article 443, en effet, ne distingue pas ; de plus, la discussion qui précéda l'adoption de cet article en 1838 montre que c'est précisément en vue de cette application particulière que fut adoptée sa rédaction actuelle ; les rédacteurs voulurent réformer un arrêt de la Cour de Paris du 2 février 1835, contenant une doctrine contraire. Ainsi donc, tout ce que le failli acquerra sera acquis à ses créanciers et non à lui; ce sont eux qui en auront l'administration et la disposition ; ce sont eux, par conséquent, qui intenteront toutes les actions auxquelles ces acquisitions pourront donner lieu. « Quel serait donc, écrit M. Renouard, quel serait le but d'un concordat, qui, replaçant le failli à la tête de ses affaires, lui permet de faire des opérations nouvelles, si celui-ci pouvait, en l'absence d'un concordat, opérer et contracter, sauf à dire à ses créanciers anciens : Prenez ce que je vous laisse, j'agirai sur de nouveaux frais ».

La loi du 28 nivôse an VI, dans le but de favoriser les prêts faits à l'Etat, a attaché aux rentes sur l'Etat le privilége de l'insaisissabilité. Or, dire que ces rentes sont insaisissables, c'est proclamer qu'elles ne sont pas comprises dans le gage destiné au paiement des créanciers ; dès lors, les motifs qui justifient l'article 443 du Code de Commerce n'existant plus, il faut conclure que le dessaisissement ne s'applique pas aux rentes sur l'Etat. C'est en ce sens que la Cour de cassation s'est prononcée dans un arrêt rendu par la Chambre des requêtes le 8 mai 1854. (Dev. Car. 54, 1, 309.)

Il est encore d'autres objets que la loi déclare insaisissables ; par exemple, le coucher et vêtements du saisi ou de ses enfants, les livres nécessaires à sa profession jusqu'à concurrence de trois cents francs, les outils des artisans nécessaires à leurs occupations personnelles, et autres choses énumérées dans l'article 592 du Code de procédure civile. Ici encore je dirai que le dessaisissement ne peut s'appliquer à des objets sur lesquels les créanciers n'ont jamais pu compter. — On m'oppose l'article 469 du Code de Commerce, aux termes duquel « *le juge-commissaire peut, sur la demande des syndics, les dispenser de faire placer sous les scellés, ou les autoriser à en extraire les vêtements, hardes, meubles et effets nécessaires au failli et à sa famille »*, et l'on conclut de ce pouvoir laissé au juge-commissaire que le failli a en réalité perdu la libre disposition des objets dont il s'agit , et que, par conséquent, le dessaisissement y est applicable ! — Tel n'est pas le sens de l'article 469 du Code de Commerce. Cet article règle la mise à exécution en cas de faillite de l'article 592 du Code de procédure civile, auquel il empêche, par l'intervention des syndics et du juge-commissaire, de donner une trop grande extension.

Enfin, aux termes de l'article 582 du Code de procédure civile, *les sommes ou objets disponibles déclarés insaisissables par le testateur ou donateur, les sommes ou pensions pour aliments ne peuvent pas être saisis par les créanciers antérieurs à l'acte de donation ou à l'ouverture du legs, et ils ne peuvent l'être par les créanciers postérieurs qu'en vertu de la permission du juge et pour la portion qu'il détermine.* Cette distinction, fondée sur ce que les créanciers antérieurs n'ont pas dû compter sur ces valeurs, tandis que les créanciers postérieurs pouvaient légitimement le faire, sera-t-elle encore admissible au cas de faillite du donataire ou légataire? Je ne le crois pas.

Et d'abord, si la donation est faite ou si le legs s'ouvre après le jugement déclaratif, ou si, l'acte de donation ou l'ouverture du legs ayant précédé la déclaration de faillite, tous les créanciers sont antérieurs à cet acte de donation ou à cette ouverture de legs, l'esprit et le texte de l'article 582 font décider que le dessaisissement ne s'applique pas en ce cas.

Que si les uns y sont antérieurs et les autres postérieurs, la solution doit encore être la même. D'abord, une fois la faillite déclarée, tous les créanciers doivent être traités d'une manière uniforme ; le titre des faillites tout entier est une preuve que tel est le vœu du législateur; tantôt il arrête le cours des intérêts, tantôt il suspend les poursuites individuelles, ou il empêche le débiteur de payer l'un au détriment des autres; partout, en un mot, il retranche les distinctions. Pourquoi décider autrement en l'espèce qui nous occupe? En second lieu, donner aux créanciers, sans distinguer s'ils sont antérieurs ou postérieurs, le droit aux objets dont il s'agit, c'est accorder à la masse plus de droits que n'en ont les individus, même les plus favorables, dont elle se compose; puisque, l'article 443 n'admettant aucune restriction, elle saisirait de plein droit et pour la totalité, des objets que les créanciers, même postérieurs à l'acte de donation ou à l'ouverture des legs, n'auraient pu saisir, s'ils eussent agi individuellement, qu'en vertu d'une permission du juge et pour la portion déterminée par lui. Il faut donc reconnaître que les sommes et objets disponibles déclarés insaisissables par le donateur ou testateur, de même que les sommes et pensions pour aliments échappent au dessaisissement en cas de faillite du donataire ou légataire.

La faillite du mandant termine le mandat, car celui qui ne peut plus administrer par lui-même ne peut davantage administrer par une personne de son choix dont les actes sont réputés les siens.

Le mandat finit aussi par la faillite du mandataire, attendu que la position nouvelle de ce dernier n'inspire plus assez de confiance pour qu'on puisse supposer la continuation de celle dont il avait été l'objet.

La faillite d'un associé, dissout de plein droit la société (article 1865 C. N. arg. à contrario), à moins qu'il s'agisse d'un simple commanditaire. Quant à la faillite de la société entière, elle ne dissout pas celle-ci de plein droit, puisque l'article 531 du Code de Commerce permet de lui accorder un concordat; il faudrait appliquer en ce cas les principes généraux établis dans l'article 1871 du Code Napoléon.

Plusieurs différences séparent le dessaisissement de l'interdiction : 1° la masse des créanciers peut seule se prévaloir de l'incapacité du failli dessaisi ; au contraire, la nullité des actes faits durant le cours de l'interdiction ne peut être opposée que par l'interdit ou par ses représentants ; 2° l'interdit ne peut être tuteur ; le banqueroutier ne peut pas l'être non plus (art. 443 et 444 C. N.) ; quant au failli simple, il n'existe à son égard aucune disposition prohibitive semblable, à moins qu'on ne veuille le comprendre parmi ceux qu'atteint l'article 444 du Code Napoléon ; 3° l'interdit perd l'administration des biens personnels de sa femme, disposition qui ne s'applique pas au failli ; enfin 4° l'interdit ne peut consentir au mariage ni à l'adoption de son enfant, ni exercer les droits de correction ou d'émancipation, ni autoriser sa femme ; rien de semblable pour le failli.

Le dessaisissement ne doit pas non plus être confondu avec l'expropriation, car il n'enlève au failli que l'administration et non la propriété de ses biens ; c'est pourquoi le jugement déclaratif de faillite n'entraine aucun droit de mutation et est dispensé de la transcription.

L'exercice des actions est un acte d'administration ; donc le dessaisissement en prive le failli : « *A partir du jugement déclaratif, toute action mobilière ou immobilière ne pourra être suivie ou intentée que contre les syndics* ». (Art. 443 Code de Com. 2° alinéa). SUIVIE s'entend des actions dont les tribunaux étaient déjà saisis au moment de la déclaration de faillite, INTENTÉE s'entend des actions nouvelles qui ne seraient introduites qu'après la faillite. L'ancien article 494 (Tripier, p. 642) donnait lieu de croire que le dessaisissement ne privait pas le failli de l'exercice des actions immobilières déjà intentées avant la déclaration de la faillite ; mais, cette distinction était arbitraire, car les immeubles ne sont pas moins que les meubles le gage de la masse ; aussi, les législateurs de 1838 ont eu raison de dire : *toute action mobilière ou* IMMOBILIÈRE. Du reste, ils ont eux-mêmes été incomplets à un autre point de vue ; pourquoi, en effet, ne parler que des actions au point de vue passif, et les passer sous silence au point de vue actif? Ce qui est vrai dans le premier cas, doit l'être également dans le second : les raisons sont les mêmes de part et d'autre.

Nous avons dit que le dessaisissement ne s'applique pas aux objets déclarés insaisissables par la loi, attendu que ces objets ne sont pas compris dans le gage des créanciers. Pour les mêmes motifs, le failli conservera l'exercice des actions qui sont exclusivement attachées à la personne. (Art. 1166 C. N. arg. à contrario.)

Quid, de la demande en séparation de biens? Doit-elle être intentée contre les syndics? Je le pense. En effet, la loi permet à la femme de demander la séparation de biens, *quand sa dot est mise en péril, et lorsque le désordre des affaires du mari donne lieu de craindre que les biens de celui-ci ne soient point suffisants pour remplir les droits et reprises de la femme* (Art. 1443 C. N.). Or, ce sont les syndics qui ont en mains toutes les pièces qui peuvent éclairer la situation réelle du mari. C'est donc à eux qu'il faut s'adresser.

Si c'est la femme qui est en faillite, l'article 1446 du Code Napoléon nous apprend *qu'elle seule peut intenter la demande en séparation de biens contre son mari ou contre les syndics de la faillite de celui-ci.* Mais ce même article ajoute que *les créanciers personnels de la femme pourront exercer les droits de leur débitrice jusqu'à concurrence du montant de leur créance ;* par exemple, renoncer à la communauté, afin de reprendre son rapport franc et quitte, si cette faculté a été stipulée dans le contrat de mariage.

Un mot sur la demande en révocation d'une donation pour cause d'ingratitude du donataire aujourd'hui en faillite.

Si les faits qui constituent l'ingratitude se sont passés depuis le jugement déclaratif de faillite, le donateur n'a rien à réclamer aux syndics ; car le donataire, frappé de dessaisissement, ne peut plus, soit par actes licites, soit par des actes illicites, augmenter son passif ou diminuer son actif.

Si les actes dont se plaint le donateur ont eu lieu avant le jugement déclaratif, mais que ce donateur n'ait pas intenté la demande en révocation avant ce jugement, il n'a également plus rien à demander à la masse, qui ne représente pas le donataire et à qui on ne peut infliger une peine personnelle à ce dernier (Art. 957 C. N. arg. à pari).

Reste le cas où la demande en révocation a déjà été intentée au moment du jugement déclaratif. Ici, nous appliquerons à la masse des créanciers ce que le Code Napoléon décide à l'égard des tiers-acquéreurs. Nous verrons, en effet, dans notre cinquième section, ci-après, que la masse des créanciers doit être, après le jugement déclaratif de faillite, traitée comme un tiers-acquéreur, et qu'on ne peut lui opposer que les actes devenus définitifs avant le prononcé de ce jugement. Donc, s'il s'agit d'une donation mobilière, il faudra que la demande en révocation ait été intentée avant la déclaration de faillite, et, s'il s'agit d'une donation immobilière, qu'un extrait de la demande en révocation ait été inscrit, avant la même époque, en marge de la transcription de la donation (Art. 958 C. N. arg. à pari). En dehors de ces deux hypothèses, le donateur n'a rien à prétendre vis-à-vis de la masse.

Du reste, toute demande que le failli dessaisi aurait soutenue en justice, pour ne pas être apposable à la masse de ses créanciers, n'aurait pas moins produit tous les effets conservatoires ; par exemple, celui d'interrompre la proscription, de faire courir les intérêts. Le dessaisissement est une faveur que le législateur a accordée aux créanciers d'un failli *de damno vitando*, mais qu'on ne peut jamais invoquer contre eux (Cour de Poitiers, arrêt du 29 janvier 1829. Der. Car 53, 2, 229).

Le dessaisissement commence du jour du jugement déclaratif de faillite, car il en résulte de plein droit (Art. 443 Code de Com.). Et peu importe si les tiers ont pu avoir connaissance de la nouvelle position de celui avec qui ils ont traité ; le texte ne distingue pas, et c'est la seule décision qui puisse éviter des procès (Cour de Grenoble, 12 avril 1851. Der. Car. 51, 2, 727). Je vais plus loin. Tout ce que le failli aura fait le jour où il aura été mis en faillite sera frappé invariablement de la nullité produite par le dessaisissement, attendu que les jugements n'indiquent pas l'heure à laquelle ils sont rendus. Ainsi jugé en 1848 par la Cour d'Amiens (Dev. Car. 48, 2, 715) ; en 1853, par la Cour de cassation (Dev. Car., 53, 1, 321) ; et enfin en 1857, par la Cour de Metz (Dev. Car. 58, 2, 328).

Le dessaisissement cesse par l'homologation du concordat (Art. 519 Code de Commerce) et par la dissolution de l'union (Art. 537 cod.) ; son effet est suspendu par la clôture des opérations de la faillite, pour insuffisance d'actif (Art. 527 cod.).

SECTION II.

Suspension des poursuites individuelles.

Le failli, frappé de dessaisissement, n'a plus en mains l'administration de ses biens ; il ne peut donc faire aucun paiement; dès lors, il eut été inutile de le poursuivre pour le contraindre à faire ce que la loi lui défend; et c'est pourquoi le Code de Commerce proclame la suspension des poursuites individuelles contre un débiteur déclaré en faillite.

Il y a deux sortes de poursuites : les unes contre les biens, les autres contre la personne.

Quant aux poursuites sur les biens, la suspension en est proclamée par les article 527, 534 et 571 du Code de Commerce, et elle s'applique également aux poursuites commencées antérieurement au jugement déclaratif de faillite. C'est en vain qu'on voudrait argumenter par analogie de l'art. 572 du Code de Commerce, aux termes duquel *le créancier hypothécaire peut continuer après l'époque de l'union une poursuite qu'il ne serait pas en droit de commencer auparavant.* En effet, l'article 443 met sur la même ligne la poursuite qui est intentée avant et celle qui est suivie après le jugement déclaratif; de là, permettre au créancier de continuer la saisie qu'il a commencée, c'est distinguer là où la loi exclut formellement toute distinction, c'est violer la loi (Cour de Rouen, arrêt du 6 janvier 1843. Dev. Car. 43, 2, 120. — Paris, arrêt du 2 juillet 1846. Dev. Car. 46, 2, 301), Tout ce que l'on peut accorder au créancier, dans ce cas, c'est le remboursement des frais qu'il a légitimement faits avant la déclaration de la faillite du débiteur (Bordeaux, arrêt du 28 novembre 1840. Dalloz jurisp. Gén. faillite, n° 229).

La suspension des poursuites sur les biens ne s'applique pas aux créanciers **privilégiés**, **hypothécaires**, ou **nantis** (Art, 450, 548, 551, 571 du Code de Com.). La position nouvelle de leur débiteur ne saurait, en effet, modifier les rapports de ces créanciers à l'égard de la chose qu'ils ont spécialement affectée à la garantie de leur créance. **Mais ce** ne sera pas au failli lui-même qu'ils devront s'adresser, car, *à partir du jugement déclaratif*, *toute action doit être intentée ou suivie* CONTRE LES SYNDICS (Art, 443, 2ᵉ alinéa).

Les créanciers privilégiés, hypothécaires ou nantis doivent eux-mêmes suspendre leurs poursuites dans deux cas.

D'abord, lorsque la masse est en état d'union, les syndics étant tenus de procéder, dans la huitaine, à la vente des immeubles du failli, les poursuites individuelles n'auraient plus aucune utilité; aussi l'art. 572 du Code de Commerce décide que *s'il n'y a pas eu de poursuite en expropriation des immeubles commencée avant l'époque de l'union, les syndics seuls seront admis à poursuivre la vente.*

La seconde restriction s'applique au privilége du locateur sur les objets garnissant les lieux loués par le failli. Ce n'est pas ici le lieu d'étudier l'étendue de ce privilége, de rechercher quelles sont les personnes qui peuvent s'en prévaloir, à quels objets il s'applique, et quelles sont les créances qu'il garantit. Ces questions appartiennent essentiellement au droit civil et ne sont nullement modifiées par la faillite du locataire. Constatons seulement que si le propriétaire des lieux loués usait sans ménagement de son droit, s'il faisait vendre immédiatement et sans pitié les objets mobiliers servant à l'exploitation du commerce du failli, il causerait à la masse des créanciers, sans en retirer lui-même aucun profit, un préjudice considérable, en diminuant l'achalandage, et, par conséquent, en amoindrissant la valeur du fonds de commerce. C'est pourquoi les rédacteurs de la loi du 28 mai 1838, innovant heureusement sur ce point, lui ont imposé l'obligation de suspendre, pendant 30 jours, à compter du jugement déclaratif de faillite, toute voie d'exécution *sur les objets servant à l'exploitation du commerce du failli,* sans préjudice de toutes mesures conservatoires et du droit qui lui serait acquis de reprendre possession des lieux loués ; dans lequel cas, la suspension des poursuites individuelles cesserait de plein droit (Art. 450 , Code de Commerce).

C'est donc aux syndics qu'appartient en général, soit au point de vue actif, soit au point de vue passif, le soutien des actions dans lequel est intéressé le failli. Celui-ci toutefois peut, avec l'autorisation du tribunal, intervenir tant dans les actions que dans les voies d'exécution qui l'intéressent, et où les syndics figurent en son nom. (Art. 443 in fine Code de Commerce). Inconnu en 1808, ce droit d'intervention est encore dû à la loi du 28 mai 1838. Pour l'obtenir, le failli adresse lui-même requête au tribunal, et celui-ci, par un jugement motivé, accorde ou refuse son autorisation.

Lorsque le failli a été admis à intervenir en première instance, il peut certainement interjeter appel du jugement auquel il a été partie. Mais, peut-il intervenir pour la première fois en appel? Je soutiendrai l'affirmative en me fondant sur ce que l'article 443 précité ne fait aucune distinction, et qu'il n'y a pas de raison pour refuser au failli dans un cas ce que la loi lui accorde sans restriction. Il est vrai que, aux termes de l'article 466 du Code de procédure civile, *aucune intervention ne peut être reçue en appel si ce n'est de la part de ceux qui auraient droit de former tierce-opposition ;* mais, il faut remarquer que, en matière civile, pour avoir le droit d'intervenir, il n'est besoin d'aucune autorisation préalable du tribunal; si donc, le failli, quant au droit d'intervention en première instance, n'est pas soumis au droit commun, pourquoi l'y soumettrait-on quand il s'agit pour lui d'intervenir en appel?

Je passe à la suspension des voies d'exécution sur la personne, c'est-à-dire à la contrainte par corps.

La contrainte par corps n'est pas une mesure de répression; c'est une mesure de rigueur accordée aux créanciers et qui consiste dans l'emprisonnement du débiteur pour le forcer de payer ce qu'il doit. Le motif qui nécessite la suspension des voies d'exécution sur les biens nécessitait aussi la suspension de la contrainte sur la personne, aussi, l'article 455 décide *qu'il ne pourra être reçu contre le failli d'écrou ou recommandation pour aucune espèce de dettes.*

Ce n'est pas dire pour cela que le débiteur ne pourra être incarcéré dans l'intérêt de la masse des créanciers. La loi, pour placer le failli sous la main de la justice dans le cas où l'on découvrirait une banqueroute, ou pour obtenir de lui tous les renseignements nécessaires ou utiles, veut que le *tribunal qui déclare la faillite ordonne le dépôt de la personne du failli dans la maison d'arrêt pour dettes, ou la garde de sa personne par un officier de police ou de justice ou par un gendarme.* (Art. 455 Code de Com.); Et encore, lorsque le failli ne sera point au moment de la déclaration de sa faillite incarcéré pour dettes ou pour autre cause, et lorsque après avoir déclaré sa faillite au greffe du tribunal de Commerce, il y aura en même temps déposé son bilan ou indiqué les motifs qui l'empêchaient de le déposer, le tribunal pourra l'affranchir de cette rigueur (art. 456 du Code de Com).

L'incarcération du failli n'est, du reste, qu'une mesure de précaution et non une peine. Aussi, toutes les mesures qui concernent, soit son emprisonnement, soit sa mise en liberté, sont essentiellement provisoires et révocables tant que dure la procédure de la faillite. (Cas. 26 juillet 1853). Ainsi, la disposition du jugement qui affranchirait le failli du dépôt ou de la garde de sa personne pourra toujours, suivant les circonstances, être ultérieurement rapportée par le tribunal de commerce, même d'office (art. 456 *in fine*); ainsi encore, quand le failli a été mis ou maintenu en état d'arrestation, sa mise en liberté avec un sauf-conduit provisoire peut toujours, aux termes des articles 472 et 473, lui être accordée par le tribunal avec ou sans caution.

La suspension de la contrainte par corps s'applique aux créanciers postérieurs au jugement déclaratif de faillite. En effet, les dettes contractées par le failli dessaisi ne peuvent en aucune manière être opposées à la masse de la faillite (art. 443 Code de Com.) Or, elles lui seraient opposables si le failli pouvait à leur occasion être privé d'une liberté qu'il doit consacrer à acquérir de quoi payer ses dettes.

SECTION III.

De l'exigibilité des dettes.

Lorsqu'on accorde un terme à un débiteur, c'est parce qu'on a confiance dans sa solvabilité et qu'on se réserve de faire contre lui, s'il est nécessaire, tous actes conservatoires. La déclaration de faillite proclame publiquement l'impossibilité pour le failli de satisfaire à ses engagements, elle empêche toute poursuite individuelle sur ses biens et sur sa personne; de là, l'exigibilité des dettes non échues, proclamée par l'article 444 du Code de Commerce, et qui est un des effets produits de plein droit pour l'avenir par le jugement déclaratif de faillite.

Cette exigibilité a pour effet, non pas de permettre aux créanciers à terme de faire des actes d'exécution, mais de leur donner le droit de prendre part aux opérations de la faillite et aux répartitions de dividendes comme si leur créance était échue.

Nous avons vu que les créanciers hypothécaires, privilégiés ou nantis sont en dehors de la masse en ce qui concerne la suspension des poursuites sur le bien spécialement affecté à leur créance. Il faut, pour être logique, décider qu'ils sont également hors du droit commun en ce qui concerne l'exigibilité, et que, par conséquent, ils ne pourront provoquer la saisie qu'après l'arrivée du terme qu'ils ont accordé au débiteur. Ainsi jugé par un arrêt de la Cour de Paris du 12 décembre 1861. (Dev. Car. 62 2.49).

Quant aux créanciers conditionnels, ils puisent bien dans l'article 1180 du Code Napoléon le droit de prendre part aux opérations de la faillite; mais, tant que la condition est *in pendenti*, on ne sait s'ils auront réellement le droit de se faire payer. Je leur refuserai donc le droit de toucher aucun dividende, à moins qu'ils ne veuillent donner caution de le rendre avec intérêts dans le cas où la condition viendrait à défaillir. Et encore, je ne sais si cette prétention serait fondée, car en réalité ils n'ont actuellement aucun droit, *nec venit nec cessit dies.* Il sera bien plus rationnel d'en déposer le montant à la caisse des dépôts et consignations pour être remis à eux-mêmes ou à la masse quand la condition sera accomplie ou défaillie; ou bien, comme l'indique Pothier (traité des obligations Nᵒˢ 234 et 235) de le faire toucher provisoirement par les autres créanciers avec caution de le restituer au Créancier conditionnel en cas d'accomplissement de la condition.

Une personne débitrice d'un failli pour une somme actuellement exigible peut-elle se prévaloir de l'exigibilité proclamée par l'article 444 pour compenser ce qu'elle doit avec une somme non exigible que lui devrait le failli? Je ne le pense pas. En effet, si l'empêchement résultant du défaut d'exigibilité a disparu, un autre empêchement non moins grave est survenu; la déclaration de la faillite du débiteur ne donne au créancier qu'un droit à un dividende; or, le droit à un dividende n'est pas une créance liquide; dès lors les conditions exigées par l'article 1291 du Code Napoléon ne sont pas remplies, et la compensation ne sera pas possible. Je me hâte d'ajouter que les usages commerciaux ne me permettent pas d'appliquer aux *Comptes courants* la déduction logique que je viens de faire. Deux personnes sont en compte courant. *Primus* est déclaré en faillite, et à ce moment cinq mille francs sont portés à son crédit sur les livres de *Secundus*, tandis que deux mille francs sont portés à son débit. Les syndics de la faillite de Primus pourront-ils demander à Secundus la différence, trois mille francs? Non, si parmi les cinq mille francs crédités à Primus, se trouve un effet de commerce non encore encaissé par Secundus. Celui-ci, en effet, pourra faire ce qu'on appelle *une Contre-passation d'écritures*, c'est-à-dire porter au débit de Primus la valeur de l'effet. ce qui réduira d'autant les droits de la masse.

C'est uniquement à *l'égard du failli* qu'est produite l'exigibilité des dettes. Ni ses débiteurs, ni ses cooligés ne sont déchues du bénéfice du terme, *nemo ex alterius facto prægravari debet.*

Ainsi, la faillite d'un ou de plusieurs obligés solidaires n'enlève pas aux autres le terme sous lequel l'engagement avait été contracté; d'autant plus que la stipulation de solidarité n'empêche pas les divers codébiteurs de contracter sous des modalités diverses (art. 1201 C. N.)

De même, la faillite du débiteur principal n'autorise pas le créancier à poursuivre immédiatement la caution qui ne s'est engagée qu'à terme. Toutefois, comme il est dès à présent certain qu'elle devra payer la dette, cette caution pourra exercer immédiatement son recours contre la faillite du principal obligé. (Art. 2032 du Code Napoléon).

Quid, si, le débiteur principal restant solvable, la caution tombe en faillite? L'article 2020 du Code Napoléon autorise le créancier à en exiger une autre; En effet, un cautionnement sûr, solide et efficace était la condition essentielle du contrat.

Appliquons ces principes à la lettre de change et au billet à ordre; nous y trouverons l'explication de l'article 444 deuxième alinéa du Code de Commerce, dont voici le texte:

En cas de faillite du souscripteur d'un billet à ordre, de

l'accepteur d'une lettre de change ou du tireur à défaut d'ac-
ceptation, les autres obligés seront tenus de donner Caution
pour le paiement à l'échéance, s'ils n'aiment mieux payer
immédiatement.

§ 1. — *Billet à ordre.*

Si c'est le souscripteur qui fait faillite, les endosseurs,
s'ils n'aiment mieux payer immédiatement, doivent fournir
au porteur caution pour le paiement à l'échéance. En effet,
en endossant le billet, ils se sont portés fort de son acquit,
(art. 167 et 187 du Code de Com.); or, la faillite du souscripteur rend impossible l'engagement qu'ils ont pris; dès
lors, on rentre dans l'application de l'article 2020 du Code
Napoléon.

Pour les mêmes motifs, cette théorie devrait être applicable, en cas de faillite d'un endosseur, à l'égard des autres
endosseurs postérieurs au failli, c'est-à-dire de ceux qui,
en cédant sa signature, ont garanti sa solvabilité. Telle
était, en effet, la solution que donnait le Code de Commerce
de 1808. Mais, en 1838, le législateur conçut une préven-
tion contre la multiplicité des cautions, et il supprima le
droit d'en demander au cas de faillite des endosseurs. C'est
ce qui résulte du silence de l'article 444.

§ 2. — *Lettre de change.*

A. C'est le tiré qui a fait faillite.

Et d'abord, avant d'avoir accepté la lettre de change.
Le tireur et les endosseurs sont garants solidaires de
l'acceptation (art. 118 Code de Com.). La faillite du tiré
l'empêche d'accepter, par suite du dessaisissement dont il
est frappé. D'où, les endosseurs et le tireur ne peuvent plus
remplir leur engagement; qu'ils payent donc le porteur, ou
qu'ils lui donnent caution de le rendre complètement

indemne quand arrivera le moment de l'échéance. Telle est la solution qu'avait déjà donnée l'article 120 du Code de Commerce; l'article 444 n'avait plus à la reproduire.

Supposons maintenant que le tiré ait fait faillite après avoir accepté. La seconde condition, celle du paiement à l'échéance dont le tireur et les endosseurs avaient garanti l'accomplissement, ne peut pas se réaliser, puisque le tiré, dessaisi de l'administration de ses biens, ne peut plus acquitter aucune dette. De là, la décision de l'article 444: le tireur et les endosseurs sont tenus de donner caution pour le paiement à l'échéance, s'ils n'aiment mieux payer immédiatement.

B. C'est le tireur qui a faillite.

En cas d'acceptation préalable de la lettre de change, le législateur croit le porteur suffisamment garanti et n'exige aucune caution des autres signataires.

Que si la lettre de change n'a pas encore été acceptée au moment de la faillite du tireur, les autres obligés seront tenus, s'ils n'aiment mieux payer immédiatement, de donner caution pour le paiement à l'échéance.

C. C'est un endosseur qui est tombé en faillite.

La loi est muette sur ce point; mais, ce que nous avons dit des endosseurs d'un billet à ordre s'applique pour les mêmes motifs aux endosseurs d'une lettre de change. Dès lors, aucun recours n'est actuellement ouvert au porteur.

SECTION IV.

De la Cessation du Cours des intérêts.

Nous avons déjà eu occasion de remarquer que le but poursuivi par le législateur en matière de faillite est que la condition de tous les créanciers soit la même après le jugement déclaratif. C'est pour cela que nous l'avons vu suspendre les poursuites individuelles et proclamer l'exigibilité des dettes. Pour être conséquent, il devait aussi arrêter le cours des intérêts ; et, c'est ce qu'il a fait en promulguant l'art. 445 du Code de Commerce.

Les intérêts cessent donc d'avoir leur cours aussitôt et dès l'instant que la faillite est prononcée. Les intérêts courus jusqu'à cette époque ne seront pas défalqués et le créancier pourra les ajouter au capital de sa créance pour le calcul de son dividende (art. 445 Code de Com. arg. à contrario). La cessation du cours des intérêts comme tous autres effets du jugement déclaratif, ne se produit, du reste, qu'à l'encontre de la masse et non à l'égard du failli ; l'art. 604 nous apprend, en effet, que le failli ne pourra obtenir sa réhabilitation s'il n'a intégralement acquitté, en principal, intérêts et frais, toutes les sommes par lui dues.

A propos de la cessation du cours des intérêts produite de plein droit par le jugement déclaratif de faillite, examinons deux questions qui se présentent fréquemment dans la pratique.

Primus, débiteur de mille francs envers *Secundus*, lui souscrit un billet de mille soixante francs payable dans un an ; puis, il tombe en faillite. Le billet qu'il a souscrit comprend évidemment un capital de mille francs et des intérêts s'élevant à soixante francs. *Secundus* pourra-t-il néanmoins se présenter dans la masse pour mille soixante francs ? Oui ; supposons, en effet, que *Secundus* ait endossé le billet ; le porteur l'a accepté comme représentant une valeur de mille soixante francs ; dès lors, lui faire subir une réduction, ce serait le tromper dans son attente, et nuire à la circulation des effets de Commerce. Or, toutes les dispositions du droit relatives à la faillite ont pour but le développement du crédit commercial ; on ne pourrait donc sans être illogique décider autrement dans la question qui nous occupe.

Je suppose maintenant qu'une personne ait livré des marchandises au failli pour une somme de dix mille francs, payable dans un an, mais avec convention et qu'elle subirait une réduction de cinq cents francs en cas de paiement dans le cours de l'année. Avant ce terme, le débiteur tombe en faillite, d'où la dette de dix mille francs devient exigible. Or, le créancier sera-t-il obligé de subir l'escompte de cinq cents francs ? Évidemment non ; sans doute, il pourra dès à-présent se présenter à la masse pour toucher ce qui lui est dû par le failli ; mais, la condition à laquelle était subordonné la réduction de sa créance n'est nullement accomplie, attendu qu'il ne touchera qu'un dividende, et que les conditions ne peuvent s'accomplir pour partie.

Enfin, si le failli ne devait que des intérêts ; par exemple, s'il était débiteur d'une rente viagère ou d'autres arrérages dont il aurait garanti le paiement, l'article 445 ne serait pas applicable. Dans ce cas, en effet, la dette du failli constitue un véritable capital, dont la quotité, il est vrai, n'est pas fixée, mais que le juge appréciera suivant les probabilités, et pour le montant duquel le failli pourra concourir avec les autres créanciers.

Nous avons vu que que les créanciers privilégiés, hypothécaires, ou nantis, sont en dehors de la masse en ce qui concerne la suspension des poursuites individuelles et l'exigibilité des dettes. Ils le sont également à l'égard de la cessation des cours des intérêts, et le second alinéa de l'article 445 leur permet *de réclamer les intérêts de leur créance sur les sommes provenant des biens affectés au privilége, à l'hypothèque ou au nantissement.* Et encore les créanciers ayant hypothéque ou privilége ne pourront-ils se faire payer ainsi que des intérêts conservés par une inscription conformément à l'article 2151 du Code Napoléon.

Des termes mêmes de l'article 445 précité, il résulte que

c'est seulement sur les sommes produites par les biens spécialement affectés à leur gage que les créanciers dont il s'agit peuvent se faire payer leurs intérêts. Je suppose qu'il soit dû à l'un deux quarante mille francs, plus deux mille francs d'intérêts. La réalisation du gage ne produit que vingt mille francs. Si l'on suit la règle des imputations de paiements telle qu'elle est écrite dans l'article 1254 du Code Napoléon, il en résultera que le créancier imputera, d'abord deux mille francs sur sa créance d'intérêts, et ensuite dix-huit mille francs sur le capital, et qu'ainsi il pourra se présenter à la masse pour vingt-deux mille francs. Mais cette manière de calculer violerait manifestement l'article 445 du Code de Commerce, attendu que les biens du failli non spécialement affectés à la garantie du créancier, serviraient indirectement au paiement des intérêts à lui dûs. Il faut donc décider que, dans ce cas comme dans tous autres analogues, le créancier ne pourra se présenter dans la masse que pour vingt mille francs, et que, par conséquent l'article 445 du Code de Commerce déroge virtuellement à la règle posée dans l'article 1201 du Code Napoléon. (Cour de Lyon, arrêt du 30 août 1861. Dev. car. 62 ; 2 ; 126),

SECTION V.

Nullité des inscriptions prises sur les biens du failli après le jugement déclaratif de faillite.

Cette matière est régie par les articles 2146 du Code Napoléon et 448 du Code de Commerce, dont voici les textes :

2146. *Les inscriptions ne produisent aucun effet si elles sont prises dans le délai pendant lequel les actes faits avant l'ouverture des faillites sont déclarés nuls ;*

118. *Les droits d'hypothèque et de privilége valablement acquis pourront être inscrits jusqu'au jour du jugement déclaratif de faillite.*

Après le jugement déclaratif de faillite, le failli, par suite du dessaisissement dont il est frappé, ne peut consentir au profit de ses créanciers aucune cause de préférence ; de plus, nous verrons dans la seconde partie de ce travail, que les actes desquels résultent des hypothèques et priviléges sont nuls relativement à la masse dans certains cas prévus par l'article 446, et qu'ils sont annulables dans le cas de l'article 447.

Evidemment, lorsque la constitution même de l'hypothèque ou du privilége n'est pas valable, l'inscription qui en est la garantie ne saurait produire aucun effet, car *accessorium sequitur principale*. Mais, lors même que cette constitution aurait eu lieu avant le jugement déclaratif de faillite, lors même qu'elle ne serait frappée d'aucune cause de nullité ou d'annulabilité, il résulte de l'article 448 du Code de Commerce (arg. à contrario) que l'inscription qui conserve ces droits ne peut être valablement prise après la déclaration de la faillite, de sorte que ces droits eux-mêmes deviennent inutiles. Cette disposition est encore une innovation due à la loi de 1838. Usant d'une sévérité plus grande, le Code de Commerce de 1808 mettait sur la même ligne l'inscription et la constitution des priviléges et hypothèques, et il annulait de plein droit toute inscription prise dans les dix jonrs qui précédaient l'ouverture de la faillite (comp. l'art. 2146 du Code Napoléon et l'art. 443 du Code de Commerce de 1808). Cette rigueur ne pouvait se justifier. Pourquoi, en effet, empêcher une personne de faire ce qui était nécessaire pour conserver un droit valablement acquis et dont la loi elle-même reconnaissait la validité? Il y avait une véritable contradiction. Aussi, le législateur de 1838 a-t-il voulu se montrer plus juste ;

mais, pour être conséquent avec lui-même, il ne pouvait faire davantage que ce qu'il a fait ; il a décidé que le sort des créanciers serait invariablement fixé par le jugement déclaratif de la faillite du débiteur, et que ce jugement serait la clôture inviolable de toutes inscriptions de privilége ou d'hypothèque. (Art. 448 du Code de Commerce).

Malgré la généralité des termes de l'art. 448, il faut en restreindre l'application dans de justes limites.

I. Et d'abord, il n'est pas besoin de dire que cet article ne peut s'appliquer aux hypothèques ou aux priviléges dispensés d'inscription.

II. L'article 490 du Code de Commerce oblige les syndics *de requérir l'inscription aux hypothèques sur les immeubles du débiteur failli.* Mais, cette inscription est requise, non dans l'intérêt de tel ou tel créancier individuellement, mais dans l'intérêt de la masse au nom de qui elle est prise ; et elle a pour but de lui assurer la priorité de rang sur toutes personnes avec qui le failli pourrait traiter, après l'homologation du concordat (art. 517 du Code du Commerce), ou après la dissolution de l'union (cour de Dijon, arrêt du 5 août 1862. Dev. Car. 62. 2. 514).

III. La prohibition de l'art. 448 ne s'étend pas aux inscriptions prises après la faillite pour la conservation des intérêts d'une créance hypothécaire inscrite avant la faillite. Il résulte, en effet, de l'art. 445 du Code de Commerce que les intérêts d'une créance garantie par une hypothèque ou un privilége continuent à courir, même à l'égard de la masse, postérieurement au jugement déclaratif de faillite, et que ces intérêts ne peuvent être réclamés que sur les sommes provenant des biens affectés à l'hypothèque. Or, si la faillite n'arrête pas le cours des intérêts des créances hypothécaires ou privilégiées, elle ne saurait avoir pour effet d'enlever le moyen de conserver ces mêmes intérêts.

IV. Une inscription peut encore être utilement prise sur les biens du failli après le jugement déclaratif de faillite, elle a pour but, non de donner au créancier un droit nouveau, mais seulement de conserver celui qu'il avait déjà utilement acquis et conservé. Ainsi, serait possible le renouvellement d'une inscription fait conformément à l'art. 2151 du Code Napoléon. De même, *la veuve, le mineur devenu majeur, l'interdit relevé de l'interdiction, leurs héritiers ou ayant cause, qui, aux termes de l'art. 8 de la loi du 23 mars 1855, doivent prendre inscription dans l'année qui suit la fin de la tutelle ou la dissolution du mariage à l'effet de conserver à leur hypothèque légale le rang que lui assigne l'art. 2135 du Code Napoléon,* peuvent utilement s'inscrire après le jugement déclaratif de la faillite de celui qui est leur obligé.

V. Il faudrait maintenir, même à l'égard des créanciers antérieurs au jugement déclaratif, les inscriptions de privilége et d'hypothèque garantissant le paiement des obligations considérées comme conditions ou charges des acquisitions postérieures à la faillite. Ainsi, par exemple, le failli acquiert-il une succession chargée de legs? les légataires peuvent, conformément à l'article 1017 du Code Napoléon, prendre sur les biens de la succession une inscription d'hypothèque légale qui sera opposable à tous les créanciers du failli. Partage-t-il cette succession? ses copartageants pourront inscrire utilement leur privilége pour la garantie du partage, le prix de la licitation, les soulte ou retour de lot. En effet, *bona non intelliguntur nisi deducto ære alieno.*

VI. Enfin, en admettant. avec M. Mourlon, que la séparation des patrimoines ne confère pas aux créanciers qui l'ont demandée un véritable privilége sur les biens du défunt, il faut conclure que l'inscription, exigée par l'art. 3111 du Code Napoléon pourra être prise malgré la faillite de l'héritier.

En dehors des restrictions que nous venons d'établir, il faut conserver à l'article 448 la généralité qui résulte de ses propres termes, et décider qu'aucune inscription de privilége ou d'hypothèque ne peut être prise après le jugement déclaratif de faillite.

Cependant, de grandes difficultés se sont élevées à propos du privilége que la loi accorde au vendeur d'un immeuble.

Le vendeur conserve sur le bien immobilier qu'il aliéne un privilége spécial qui lui assure le paiement du prix de la vente (Art 2103 C. N.). Ce privilége doit être rendu public. Toutefois, le législateur a établi pour lui un mode spécial de publicité, Il dispense le vendeur d'inscrire son droit de préférence et décide que la transcription de l'acte de vente, faite par l'acquéreur, suppléera à l'inscription au moyen de laquelle se conservent ordinairement les priviléges (Art. 2108 C. N.). Il est facile de comprendre pourquoi la transcription de l'acte de vente par l'acquéreur sert à conserver le privilége de vendeur. Dans l'acte de vente, que l'on transcrit littéralement, mention est faite que l'acheteur doit encore tout ou partie du prix, et les tiers, en prenant connaissance de la transmission de l'immeuble à l'acheteur, apprendront, avec les conditions de la vente, l'existence du privilége du vendeur.

Ceci posé, l'article 448 du Code de Commerce est-il inapplicable à la transcription conservatrice du privilége du vendeur ? En autres termes, l'acte de vente pourra-t-il encore, après le jugement qui aura déclaré la faillite de l'acheteur, être transcrit à l'effet de conserver le privilége du vendeur ?

Nous n'hésitons pas à faire un réponse négative. Voici les raisons qui nous déterminent : Aux termes de l'article 448 du Code de Commerce, aucune inscription de privilége ou d'hypothèque ne peut être valablement prise sur les biens du failli, après le jugement déclaratif de faillite ; or, si la loi parle d'inscriptions, c'est qu'elle a prévu le mode le plus usité pour donner de la publicité aux priviléges et aux hypothèques ; elle a statué sur le *plerumque fit*, tout en voulant frapper indistinctement tout défaut de publicité se révélant au moment du jugement déclaratif. D'ailleurs l'article 2108 lui-même dit que *la transcription du contrat, faite par l'acquéreur, vaudra inscription pour le vendeur ;* il en résulte que la transcription ne saurait produire plus d'effet que l'inscription (Bravard et Demangeat; —Vallette et Rataud à leur Cours; — arrêt de Nancy du 6 août 1859. Dev. Car. 59, 2, 594),

On objecte que, jusqu'à la transcription, le vendeur reste propriétaire, et que l'acte de vente, n'ayant pas été transcrit avant le jugement déclaratif, la faillite de l'acheteur sera toujours pour le vendeur un fait indifférent. Je réponds que l'art. 3 de la loi du 23 mars 1855 dit que le vendeur reste propriétaire jusqu'à la transcription de la vente, en ce sens seulement que les tiers à qui il aura conféré des droits sur l'immeuble et qui les auront conservés, en se conformant aux lois, pourront les opposer à l'acheteur qui n'aura pas fait transcrire son acquisition. Mais il n'en résulte nullement que la propriété de l'immeuble soit encore au vendeur; au contraire, la propriété est transférée dès que les parties sont convenues de la chose et du prix (Art. 1138 et 1583 du Code Napoléon).

Quant à la transcription que les syndics de la faillite de l'acheteur feront, en vertu de l'article 490 du Code de Commerce, elle n'aura d'autre effet que de consolider les droits de la masse, de rendre le droit du failli opposable aux tiers qui traiteraient encore avec le vendeur ou ses héritiers. Car il est faux de dire que les effets de la transcription sont indivisibles.

Ainsi donc le vendeur ne peut plus, à partir du jugement déclaratif, exercer son privilége à l'encontre de la faillite de l'acheteur, si ce privilége n'a pas été rendu public avant cette époque. Ne conserve-t-il pas, du moins, son action résolutoire, conformément à l'article 1654 du Code Napoléon ?

L'intérêt de la question est grand. Faisons-nous une réponse affirmative ; le vendeur n'aura guère à redouter la perte de son privilége, puisqu'il pourra reprendre son immeuble, dont il subira l'augmentation ou la diminution de valeur, survenue depuis la vente. Trois systèmes sont en présence.

Le premier permet au vendeur d'exercer son action résolutoire, s'il a eu soin de faire transcrire le contrat de vente avant que les syndics aient pris l'inscription dont parle l'article 490 du Code de Commerce. Ce système est fondé sur l'article 7 de la loi du 23 mars 1855, ainsi conçu : « *L'action résolutoire, établie par l'article 1654 du Code Napoléon, ne peut être exercée après l'extinction du privilége du vendeur, au préjudice des tiers qui ont acquis des droits sur l'immeuble du chef de l'acquéreur, et qui se sont conformés aux lois pour les conserver.* » Or, disent les partisans de ce système, tant que l'inscription de l'article 490 n'a pas été prise, la masse n'a aucun droit réel sur l'immeuble ; donc, l'action résolutoire du vendeur pourra être exercée ! — Je réponds que, à partir du jugement déclaratif de faillite, la masse a, sur les biens du failli, un nantissement général qu'aucun fait postérieur ne peut amoindrir.

Le second système, qui est celui de la Cour de cassation, consiste à dire que le vendeur pourra exercer son action résolutoire, alors même que la transcription de la vente serait faite après l'inscription requise par les syndics, en conformité de l'article 490 précité. Que faut-il, en effet, dit la Cour suprême, pour que l'action résolutoire ne puisse plus être exercée? Il faut que le privilége du vendeur soit éteint (art. 7 de la loi du 23 mars 1855); or, dans notre espéce, ce privilége est-il éteint? Évidemment non; il ne peut plus être exercé à l'encontre de la masse, mais il survit toujours à l'égard du failli! — Qui ne voit que la Cour de cassation se contredit elle-même? Le privilége du vendeur ne peut avoir d'effet vis-à-vis de la masse, dit la Cour suprême; et immédiatement elle lui donne celui de conserver au vendeur son action résolutoire à l'encontre de la masse elle-même!

Ces deux systèmes étant réfutés, il faut nécessairement admettre la troisième opinion, qui consiste à dire que le vendeur, s'il n'a pas pris inscription ou fait transcrire l'acte de vente avant le jugement déclaratif de la faillite de l'acheteur, ne pourra plus exercer son action résolutoire. D'ailleurs, il est manifeste que le législateur de 1855, en édictant l'article 7 de la loi du 23 mars, a voulu solidariser les deux droits du vendeur; et il n'y aurait plus de sanction qui forcerait le vendeur à rendre son privilége public, s'il pouvait arriver au même but par une action résolutoire tenue secrète.

Enfin, l'art. 448 du Code de Commerce s'applique-t-il au privilége que la loi accorde au copartageant pour la garantie des lots, le prix de la licitation ou les soultes? Aux termes de l'article 2109 du Code Napoléon, le copartageant qui s'est inscrit dans les 60 jours du partage n'a pas à craindre d'être primé par aucune hypothèque sur les biens mis au lot de son copartageant; et, s'il a pris inscription dans les quarante-cinq jours, il ne subira pas l'effet d'une transcription antérieure (Art. 6 de la loi du 23 mars 1855). Quid si le copartageant, dans cet intervalle, tombait en faillite? L'inscription du privilége pourrait-elle encore être prise? Je ne le pense pas; car l'article

148 du Code de Commerce applique sa prohibition indistinctement à tous les priviléges ; de plus, ni l'article 2109 du Code Napoléon, ni l'article 6 de la loi du 23 mars 1855 n'ont eu pour but de protéger le copartageant contre l'imminence d'une faillite ; mais seulement de lui donner une garantie contre une revente ou une constitution de droits réels, survenue immédiatement après le partage.

Étendant par analogie ce que la loi dit expressément des inscriptions de privilége ou d'hypothèque, nous appliquerons l'article 448 toutes les fois qu'il s'agira d'une formalité autre qu'une inscription ayant pour objet de rendre efficace un droit préexistant. Nous déciderons, par exemple, qu'une cession de créance, faite par un commerçant, ne pourra être signifiée à la masse des créanciers, afin de lui être opposable, après le jugement déclaratif de la faillite du cédant ; que la transcription, soit d'une donation en conformité de l'article 911 du Code Napoléon, soit des droits réels énumérés dans la loi du 23 mars 1855, ne pourra avoir lieu après la déclaration de la faillite du donateur ou du constituant, et que, par conséquent, cette donation ou ces droits réels ne seront pas opposables à la masse de ses créanciers. Cette masse, en effet, puise dans le principe du dessaisissement du failli une sorte de droit réel s'exerçant sur tous les biens, meubles et immeubles de leur débiteur, tels qu'ils existent au jour du jugement déclaratif de sa faillite ; le jugement qui déclare la faillite dessaisit le failli, afin que son patrimoine, tel qu'il se comporte à cet instant, soit le gage exclusif de ses créanciers. Du reste, serait-il logique d'admettre que les tiers-acquéreurs pussent, après le jugement déclaratif, conserver leurs droits à l'encontre de la masse des créanciers par une signification ou par une transcription, alors même que les créanciers hypothécaires ou privilégiés ne peuvent plus inscrire leurs droits de préférence? Il faut donc décider que le législateur, dans le premier alinéa de l'art. 448 du Code de Commerce, a fait l'application d'un principe général d'après lequel tout droit qui reçoit sa force dans l'accomplissement de certaines formalités ne pourra être opposé aux créanciers du failli, lorsque l'accomplissement de ces formalités sera postérieur au jugement déclaratif de faillite.

SECTION VI.

Des incapacités qui frappent le failli.

Nous allons passer brièvement en revue les différentes déchéances ou incapacités qu'entraine de plein droit le jugement déclaratif de faillite.

I. Le failli perd l'exercice de ses droits politiques. Voici comment s'exprimait à ce sujet l'article 5 de la constitution du 22 frimaire, an viii : « *L'Exercice des droits de citoyen français est suspendu par l'état de débiteur failli ou d'héritier immédiat, détenteur à titre gratuit de tout ou partie de la succession d'un failli.* » Par application de ce principe, ni le failli, ni son héritier immédiat, ni son légataire ne pouvaient être admis aux fonctions de notaire (art. 35 de la loi du 25 Ventôse, an xi), ni être témoins dans un acte notarié (art. 9, même loi), ce qui toutefois ne pouvait s'appliquer aux testaments (Art. 37, C. N.). De même, il fallait étendre à l'héritier immédiat du failli l'art. 3 de la loi du 18 mars 1806, portant que les négociants-fabricants ne peuvent plus être élus prud'hommes, s'ils ont fait faillite; l'article 14 de la loi du 20 février 1810, où il est dit que les faillis ne peuvent pas concourir à l'élection des prud'hommes, et l'article 83 du Code de commerce de 1008, qui décide que ceux qui ont fait faillite ne peuvent être agents de change ni courtiers, s'ils n'ont été réhabilités. Enfin, le failli, son héritier immédiat , détenteur à titre gra..it de tout ou partie de sa succession, ne pouvaient être jurés (Art. 381, Code d'inst. crim. de 1808),

Telle était la législation sous l'empire de la Constitution de l'an VIII. En 1852, quand fut rendu le décret du 2 février pour l'élection des députés au Corps législatif, le failli seul fut déclaré incapable d'être électeur ou éligible; (Comparez art. 15 17°. et art. 27) de même, la loi du 4 juin 1853 de la composition du jury ne déclare incapable d'être juré que le failli non réhabilité. Donc, l'héritier immédiat d'un failli peut actuellement être élu député, voter dans les élections pour le Corps législatif, statuer comme juré dans une accusation en matière criminelle. Or, s'il peut faire ces actes, qui sont certainement les plus importants de la vie publique, à plus forte raison peut-il être appelé à toutes autres fonctions. D'où il faut conclure que la privation des droits politiques prononcée par la Constitution de l'an VIII, ne s'applique plus maintenant qu'au failli,

II. C'est le tribunal qui nomme le *Conseil* que la loi permet de donner aux prodigues (art 513 du C. N.). Cette fonction ne sera jamais confiée à un failli dont la position ne présente pas assez de garantie.

III. Nous avons déjà dit que le failli n'est pas incapable d'être tuteur, mais que sa faillite pourra être une preuve suffisante d'incapacité pour autoriser son exclusion ou sa destitution conformément à l'article 444 du Code Napoléon. Cette décision s'applique aussi au subrogé-tuteur (art. 420 C. N.). Que s'il s'agissait d'appeler le failli à être membre d'un conseil de famille, on pourrait l'y admettre, s'il n'avait été formellement exclu ou destitué de la tutelle (art. 445 C. N.).

IV. Nous croyons que, tant que durera le dessaisissement, l'impossibilité de toute responsabilité sur ses biens empêchera le failli d'être syndic d'une faillite.

V. La fonction d'Expert n'est pas une fonction publique, puisque les juges ne sont pas astreints à suivre leur avis (art 323 Code de pr. Civ.) ; donc le failli peut la remplir. De même, depuis la suppression de l'arbitrage forcé par la loi du 17 juillet 1856, la fonction de l'arbitre n'est plus une fonction publique et ainsi elle peut-être valablement remplie même par un failli non réhabilité.

VI. Pour établir entre le failli et les autres commerçants une distinction ayant le caractère de la honte, l'article 614 du Code de Commerce décide que « *nul failli ne pourra se* « *présenter à la Bourse à moins qu'il n'ait obtenu sa réha-* « *bilitation.* » En conséquence, l'autorité chargée de la police de la bourse devrait expulser le failli qui s'y présenterait.

VII. Aux termes du décret du 18 janvier 1808 qui arrête définitivement les statuts de la banque de France, *Tout failli non réhabilité ne peut être admis à l'escompte* (art. 50); et, pour assurer l'exécution de cette disposition, l'article 51 ajoute « *qu'il sera tenu un registre où seront inscrits* « *les noms et demeures des commerçants qui ont fait* « *faillite ; et que ce registre contiendra la date ou l'époque de* « *la faillite, l'époque de la réhabilitation si elle a eu lieu.* »

VIII. L'article 13 du décret du 8 juin 1806, maintenu expressément par l'article 10 de l'ordonnance royale du 8 décembre 1824, disait que tout *Entrepreneur* (c'est-à-dire directeur) *qui aurait fait faillite ne pourrait plus rouvrir de théâtres,.* Mais, aux termes de l'article premier du décret du 6 Janvier 1864 sur la liberté des théâtres, *tout individu peut faire construire et exploiter un théâtre, à la charge de faire préalablement une simple déclaration à l'autorité.* Or, aucun article de ce nouveau décret n'exclut le directeur failli du bénéfice de droit commun. De plus, l'article 2 *in fine*, à propos des lois anciennes dont il consacre la continuation, ne parle que de celles sur la police et la fermeture des théâtres, ainsi que sur la redevance établie au profit des pauvres et des hospices. Il abolit donc implicitement toutes les autres. Je conclus que l'incapacité prononcée par l'article 13 du décret du 8 juin 1806 n'existe plus aujourd'hui.

IX. Enfin, l'état de faillite emporte la suspension légale des droits et prérogatives attachés à la qualité de membre de la légion d'honneur, et de décoré de la médaille militaire (arrêté du 24 Ventôse an XII; art. 39 du décret organique du 16 mars 1852; art 2 et 7 du décret du 24 novembre 1852.) Les faillis légionnaires ou médaillés doivent donc quitter immédiatement les insignes de l'ordre, sous peine d'ête poursuivis conformément à l'article 259 du Code Pénal.

Toutes ces incapacités survivent à l'homologation du concordat et à la dissolution de l'union. Pour les faire disparaître, il faut que le failli obtienne sa réhabilitation.

CHAPITRE DEUXIÉME

DES EFFETS PRODUITS DANS LE PASSÉ PAR LE JUGEMENT DÉCLARATIF DE FAILLITE

PROLÉGOMÈNES

La déclaration de faillite constate un état de choses préexistant, la cessation des paiements. Du jour où il s'est vu incapable d'acquitter ses dettes, il était facile au commerçant failli de favoriser l'un de ses créanciers au détriment des autres, et même d'avantager un tiers au préjudice de ceux envers qui il était obligé. Aussi, le législateur a-t-il pris soin de décider que les actes faits par le commerçant dans l'espace qui sépare l'époque de la cessation des paiements du jugement déclaratif, seraient présumés frauduleux.

L'époque ou le failli a cessé de payer est fixée par le tribunal de Commerce, soit dans le Jugement déclaratif de faillite, soit dans un jugement postérieur (art. 441 Code de Commerce). L'ancien article 441 indiquait certains indice auxquels les juges devaient nécessairement se référer pour cette fixation : la retraite du débiteur, la clôture de ses magasins, la date de tous actes constatant le refus d'acquitter ou de payer des engagements de Commerce. La loi du 28 mai 1838 a laissé au tribuual un pouvoir discrétionnaire, il fixera la cessation des paiements à l'époque où il apparaitra que le failli aura manqué d'une manière quelconque de remplir ses engagements. Il faut, du reste, une série de faits prouvant que le failli n'a pas fait honneur à sa signature.

Quand le tribunal fixera la date de la cessation des paiements par un jugement postérieur au jugement déclaratif de failllite il devra préalablement entendre le Juge-Commissaire (art. 441 Code de Com.). Et, dans tous les cas, toutes personnes intéressées peuvent intervenir à l'instance pour faire fixer cette cessation à une époque plutôt qu'à une autre. Y sont intéressés : les Créanciers, pour faire tomber les actes faits par le failli sous le coup des nullités prononcées par les articles 446 et 447 du Code de Commerce ; les personnes qui ont traité avec le failli, pour éviter ces nullités. Toutefois, nous lisons dans l'article 581 *qu'aucune demande tendant à faire fixer la date de la cessation des paiements à une époque autre que celle qui résulterait du jugement déclaratif de faillite ou d'un jugement postérieur, ne sera recevable après l'expiration des délais pour la vérification et l'affirmation des Créances; et que c'est à ce moment que l'époque de la cessation des paiements demeure irrévocablement déterminée.* Il résulte de ces derniers mots que le tribunal peut toujours, jusqu'à l'expiration des délais que nous venons de signaler, revenir sur la fixation qu'il avait d'abord faite si de nouveaux indices viennent l'avertir qu'elle n'était pas exacte.

Enfin, si aucune époque n'avait été spécialement fixée par le tribunal comme étant celle de la cessation des paiements, cette cessation serait réputée avoir eu lieu à partir du jugement déclaratif de la faillite (art. 441 in fine) ; et, en cas de déclaration de faillite après décès, à partir du jour du décès, attendu qu'un commerçant ne peut être mis en faillite après sa mort qu'autant qu'il a cessé ses paiements de son vivant (art. 437).

Il importe de remarquer la grande différence qui existe entre les actes postérieurs au jugement déclaratif et ceux que le failli a pu faire dans l'intervalle qui sépare de ce jugement l'époque de la cessation des paiements. Tandis que, par rapport à la masse des créanciers, les premiers actes sont considérés comme inexistants, les seconds sont soumis à trois classes de nullités, suivant une distinction que nous ferons.

Remarquons encore par quels principes sont régis les actes faits depuis la cessation des paiements ou dans les dix jours précédents, et en quoi ici on s'est écarté du droit commun. En matière civile, lorsqu'un créancier veut faire annuler les actes de son débiteur, il doit prouver que ces actes lui causent un préjudice, et que le débiteur les a faits de mauvaise foi, avec connaissance de ce préjudice ; en outre, lorsqu'il s'agit d'actes à titre onéreux, il doit établir que les tiers avec lesquels a contracté son débiteur étaient complices de sa fraude. En matière commerciale, où les opérations sont très nombreuses et essentiellement basées sur le crédit, où les personnes avec qui l'on traite sont disséminées dans tous les pays, une telle preuve eût été très difficile, pour ne pas dire impossible; aussi, le législateur a-t-il établi une théorie de nullités plus rigoureuses, où la mauvaise foi du failli se présume toujours, ainsi que nous aurons occasion de le voir.

Du reste, quand même il y aurait eu cessation de paiements, aucun de ces effets ne peut se produire s'il n'est préalablement intervenu une déclaration de faillite prononcée par le tribunal de commerce.

Aucun doute ne peut s'élever en ce qui concerne les effets que nous avons étudiés dans notre premier chapitre. Les articles 443, 444, 445, 450 du Code de Commerce, et les dispositions des lois particulières, que nous avons invoqués, sont on ne peut plus formels sur ce point. La jurisprudence, d'ailleurs, a adopté cette solution.

Quant aux effets produits dans le passé, qui doivent faire l'objet de notre second chapitre, je ne crois pas non plus que l'on puisse discuter. Les nullités prononcées par les articles 446 et 447 du Code de Commerce ne peuvent, aux termes mêmes de ces articles, avoir d'effet que *contre la masse;* or, cette masse, c'est l'ensemble des créanciers chirographaires d'un failli, ce qui suppose une unité représentée par un défenseur collectif, par un syndic, qui ne peut exister que lorsqu'il y a eu jugement déclaratif de faillite. L'article 447, en outre, ne peut trouver d'application si ce jugement n'est intervenu; les termes sont formels : *avant le jugement déclaratif de faillite.* Et, en ce qui concerne la restriction des droits des femmes, les articles 557 et suivants, qui traitent de cette matière, parlent constamment de *syndics,* de *juge-commissaire,* de *faillite;* donc, cette restriction ne peut avoir lieu s'il n'y a eu faillite déclarée par le tribunal de commerce, quand même le mari aurait en réalité cessé ses paiements. Enfin, je n'admettrai pas que le ministère public puisse, en l'absence de tout jugement déclaratif de faillite, poursuivre comme coupable de banqueroute un commerçant qui a cessé ses paiements et commis des actes d'inconduite ou de fraude ; les articles 585, 586, 591 du Code de Commerce sont formels sur ce point.

Ces préliminaires posés, nous pouvons aborder la théorie des nullités créés par le jugement déclaratif de faillite.

SECTION PREMIÈRE.

Première classe de nullités.

Il s'agit ici des nullités de plein droit, non pas en ce sens qu'elles résultent *ipso jure* du jugement déclaratif de faillite, mais en ce que le tribunal ne pourra pas se dispenser de les appliquer lorsque les actes qui y ont rapport auront été faits depuis l'époque de la cessation des paiements ou dans les dix jours précédents : « *Sont nuls et sans effet relativement à la masse lorsqu'ils auront été faits par le débiteur depuis l'époque déterminée par le tribunal comme étant celle de la cessation de ses paiements ou dans les dix jours qui auront précédé cette époque....* » (Art. 446 Code de Com.).

Comme l'indiquent les expressions même du Code, ces nullités n'existent que relativement à la masse des créanciers et non à l'égard du débiteur lui-même, qui ne peut jamais les invoquer. Ainsi, si le failli, après avoir obtenu un concordat, demandait la radiation d'une inscription d'hypothèque annulée conformément à l'article 446, sa prétention serait repoussée (Cass., ch. des requêtes, arrêt de rejet du 15 juillet 1857. Dev. Car., 58, 1, 705. — Cour de Douai, 17 février 1850. Dev. Car., 59, 2, 294.). De même, malgré la nullité d'une hypothèque prononcée par application du même principe, la femme du failli pourrait être dès à présent poursuivie sur ses biens personnels, si elle s'était obligée solidairement avec son mari (Cour d'Orléans, arrêt de rejet du 16 juin 1852. Dev. Car., 2, 661).

L'énumération des actes annulés par l'article 446 est comprise dans les §§ 2, 3 et 4 de cet article.

I. D'après le § 2, tombent sous le coup des nullités de plein droit *tous actes translatifs de propriété mobilière ou immobilière à titre gratuit.* Au moment où il va cesser ses paiements et surtout lorsqu'il les a cessés, il siérait mal à un débiteur de faire des libéralités ; en réalité, les biens dont il dispose ne lui appartiennent plus, et sa mauvaise foi est évidente, car il ne peut se faire illusion sur sa position. Les donataires, d'ailleurs, s'enrichiraient au détriment des créanciers du donateur ; en les forçant de restituer les biens qui leur ont été donnés, on les empêche de réaliser un gain, mais on ne leur fait subir aucune perte : *Melior est causa ejus qui certat de damno vitando quàm causa illius qui certat de lucro captando.*

L'article 441 du Code de Commerce de 1808 ne parlait que des actes translatifs de propriété immobilière. Cependant, les meubles sont, non moins que les immeubles, le gage des créanciers; en outre, les transmissions gratuites de propriété mobilière sont beaucoup plus dangereuses, parce qu'il est plus facile au débiteur d'en faire disparaître les vestiges. Aussi les législateurs de 1838 les ont-ils traitées avec autant de rigueur que les donations d'immeubles.

Du reste, toute donation faite par le failli, qu'elle soit ou non translative de propriété, tombe sous le coup de l'article 446 du Code de Commerce, si elle a été faite dans la période déterminée par ce dernier article. La pensée du législateur, en effet, a été de frapper de nullité de plein droit tous les actes faisant sortir du patrimoine du failli des valeurs sans compensation. Ainsi donc, après la cessation des paiements ou depuis les dix jours qui l'ont précédée, le failli n'a pas pu constituer gratuitement sur son bien un droit d'usufruit ou de servitude, ou renoncer à une hypothèque, faire une remise de dette ou des libéralités déguisées. L'article 446 eût été mieux rédigé s'il avait dit : « Tous actes à titre gratuit ». Je ne pense pas que les dispositions rémunératoires, si elles ne sont que le juste salaire de services passés dont le tribunal sera appréciateur, pourront être frappées de la nullité de plein droit.

Cette nullité s'applique-t-elle aux donations faites en faveur du mariage ? La raison de douter est qu'elles ont un caractère onéreux, attendu que le donateur doit en compter les intérêts à compter du jour du mariage (art. 1548 C. N.) et en garantir le donataire (art. 1547 cod.). Mais, d'un autre côté, elles sont considérées comme gratuites, car elles sont sujettes au rapport, à la réduction, à la révocation pour cause de survenance d'enfants. De plus, envisagées au point de vue des créanciers, elles font sortir de leur gage des valeurs sans y faire rien entrer en compensation. J'opine donc à dire que le second paragraphe de l'article 446 s'appliquera à ces libéralités, d'autant plus qu'il serait bien difficile en fait de lui trouver une autre application. Les commerçants ne font guère de donations que pour doter leurs enfants ; or, si les rédacteurs du Code n'avaient pas compris dans l'article 446 les donations en faveur du mariage, ils auraient écrit une disposition à peu près inutile, ce qu'il est impossible de supposer (Bravard et Demangeat ; — Rataud à son cours). La jurisprudence admet la doctrine contraire.

Aux termes de l'article 932 du Code Napoléon, la donation entre vifs, pour être parfaite, doit être acceptée en termes exprès par le donataire ; cette acceptation peut se faire dans un acte postérieur à la donation elle-même ; mais alors cette donation n'aura d'effet à l'égard du donateur que du jour où l'acte d'acceptation lui aura été notifié. Donc, il n'y a point de véritable donation tant que ces formalités n'ont pas été accomplies : dès lors, si elles ont lieu depuis la cessation des paiements ou les dix jours précédents, il sera vrai de dire que ce sera à cette époque que la donation aura été accomplie : ce qui nécessitera l'application du second paragraphe de l'article 446 du Code de Commerce.

II. Le § 3 de ce dernier article frappe de la nullité de plein droit *tous paiements, soit en espèces, soit par transport, vente, compensation ou autrement, pour dettes non échues, et pour dettes échues tous paiements faits autrement qu'en espèces ou effets de commerce.*

Payer une dette non échue, c'est faire ce à quoi l'on ne peut être contraint, c'est donc faire une libéralité. De plus, le failli qui a cessé ses paiements ou qui sait devoir les cesser bientôt, ne peut payer avant une échéance sans agir avec fraude, sans favoriser l'un au détriment des autres. De là, la disposition de la loi.

La disposition du Code, étant générale, devra s'appliquer alors même que le paiement anticipé aurait été fait par le débiteur failli dans le but de profiter d'un escompte (Cour d'Orléans, arrêt du 26 juillet 1850. Dev. Car., 50, 2, 603). Mais, d'un autre côté, l'article ne s'occupe nullement du paiement fait par anticipation au créancier failli depuis l'époque de la cessation de ses paiements ou dans les dix jours précédents. Ce paiement sera donc valable, car les nullités ne se suppléent pas ; sauf à le faire rentrer, s'il y a lieu, dans l'application de l'article 447.

La nullité de plein droit frappe les *dations en paiement, soit pour dettes échues, soit pour dettes non échues.* Il y a dation en paiement lorsque le débiteur, pour se libérer, livre, avec l'agrément de son créancier, une chose autre que celle qu'il devait réellement. Cette opération suppose un accord entre les parties, accord justement suspect quand il intervient à la veille d'une faillite ; on ne sait, du reste, si l'objet substitué à l'objet dû n'avait pas une plus grande valeur, de telle sorte que le débiteur aurait en réalité fait une donation. Voilà les raisons qui ont guidé la sévérité du législateur à l'égard de la dation en paiement. Je me hâte d'ajouter que la loi met sur la même ligne que le paiement en espèces le paiement en effets de commerce, dont l'usage est tellement répandu dans les affaires commerciales qu'ils tiennent véritablement lieu de monnaie métallique.

Ce sont de véritables dations en paiement que le législateur déclare nulles sous le nom de *transport, vente, compensation.*

En effet, dans le paiement par transport, le débiteur se libère en cédant à son créancier une créance qu'il a sur un tiers. De même, dans le paiement par vente, c'est en abandonnant la propriété d'un meuble ou d'un immeuble que le débiteur obtient sa libération ; et enfin, dans le paiement par compensation, le débiteur se libère en abandonnant à son créancier une créance qu'il a à lui. Nous savons d'ailleurs que, jusqu'au jour du jugement déclaratif de faillite, les compensations pourront s'opérer dans les termes de l'article 1291 du Code Napoléon ; il ne peut donc être question ici que de la compensation facultative : la compensation légale s'opérant par la seule force de la loi, il n'y a pas de fraude à craindre.

La dernière catégorie d'actes nuls de plein droit comprend *toute hypothèque conventionnelle ou judiciaire, et tous droits d'antichrèse ou de nantissement constitués sur les biens du débiteur pour dettes antérieurement contractées.*

Les auteurs du Code de 1808 avaient décidé que nul ne pouvait acquérir privilége ou hypothèque sur les biens du failli dans les dix jours qui précèdent l'ouverture de la faillite (ancien art. 443 Tripier page 631). Cette rigueur était injuste lorsque l'hypothèque avait été constituée dans le contrat même qui avait donné naissance à l'obligation ;

l'hypothèque, en effet, dans ce cas, a été la condition du contrat, et il est probable que le créancier n'aurait pas engagé son argent sans cette garantie particulière. Les rédacteurs de la loi de 1838 ont remarqué cette iniquité ; et c'est pourquoi ils n'ont appliqué la nullité de plein droit qu'aux droits de préférence accordés pour dette antérieure. Et ici, il n'y a plus d'injustice à déplorer, car le débiteur a conféré à son créancier un avantage à titre gratuit, le droit de se faire payer intégralement par préférence aux autres : la fraude est évidente.

Ni les hypothèques légales, ni les priviléges, ne peuvent tomber sous l'application du troisième alinéa de l'article 446, car ils naissent en même temps que la créance, de la qualité de laquelle ils dérivent.

Quant à l'hypothèque judiciaire, il faut absolument qu'elle soit nulle lorsqu'elle a été constituée dans la période déterminée par notre article 446. En effet ; l'hypothèque judiciaire ne naît jamais que pour la garantie d'une créance antérieurement existante, car les jugements ou actes judiciaires ne font que sanctionner et reconnaître des droits, sans jamais les créer. La rédaction de l'article est donc vicieuse : il eut dû annuler de plein droit toute hypothèque judiciaire indistinctement sans la mettre sur la même ligne que l'hypothèque conventionnelle. Cette décision, du reste, n'est pas exempte de reproches. Des demandes contre le même commerçant sont formées le même jour devant deux tribunaux différents; parce que la procédure a été plus expéditive d'un côté, l'un des deux tribunaux a rendu sa décision avant les dix jours qui ont précédé la cessation des paiements du défendeur, tandis que l'autre n'a prononcé sa sentence qu'après cette époque ; or, le premier jugement conférera une hypothèque judiciaire valable, tandis que celle produite par le second ne sera pas opposable à la masse. Les deux créanciers pourtant méritaient une égale préférence !

Il faut appliquer au gage la même distinction qu'à l'hypothèque.

Le gage, en effet, n'est pas attaché à la qualité de la créance ; c'est un droit de préférence qui ne peut exister sur la chose engagée que lorsqu'il il y a eu stipulation expresse, et, entre deux créanciers gagiste « *potior tempore potior jure.* » Sera donc frappé de la nullité de plein droit tout gage constitué, pour dette antérieurement contractée, depuis les dix jours qui auront précédé la cessation des paiements. La cour de cassation, dans un arrêt du 19 juin 1848 (Dev. Car. 48. 1. 465) a décidé que, dans le cas où le débiteur a engagé pour sûreté d'une dette préexistante un droit de créance, il suffit que l'acte constitutif de transport ait reçu date certaine avant les dix jours qui ont précédé la cessation des paiements ; la signification au débiteur ou son acceptation n'est pas exigée. Généralisant cette décision, nous dirons qu'il suffit que l'acte constitutif du gage sur une chose corporelle ait date certaine plus de dix jours avant la cessation des paiements pour que la nullité de plein droit de l'article 446 cesse d'être applicable ; peu importe que la remise de la chose aux mains du créancier ou d'un tiers convenu entre les parties soit postérieure à cette époque.

Le Code de Commerce de 1808 ne disait rien de l'antichrèse ; elle ne pouvait donc tomber sous la nullité de l'ancien article 443, qui n'appliquait sa décision qu'au privilége ou à l'hypothèque. L'Antichrèse est un contrat en vertu duquel le créancier a le droit de retenir l'immeuble de son débiteur jusqu'à ce qu'il soit désintéressé, et d'en percevoir les fruits par imputation sur sa créance (art. 2085 et 2087 du Code Napoléon). L'antichrèse est donc préjudiciable à la masse ; c'est pourquoi, les auteurs de la loi du 28 mai 1838 ont frappé d'une nullité de plein droit l'antichrèse constituée pour dette antérieure depuis la cessation des paiements ou dans les dix jours qui ont précédé.

Remarquons que le dernier alinéa de l'article 446, pour frapper de nullité les causes de préférence créées dans le but de garantir une dette déjà existante, ne s'inquiète nullement si cette dette était ou n'était pas exigible. Il en est ici comme dans la dation en paiement. Le créancier qui, pendant la période qui précède la faillite, reçoit en paiement une chose autre que celle qui lui était réellement dûe, ou consent à proroger l'exigibilité moyennant une hypothèque, un gage ou une antichrèse, sait très bien qu'il acquiert un avantage au détriment de ses co-créanciers ; il ne pouvait donc invoquer sa bonne foi.

SECTION II.

Seconde classe de nullités.

Art. 447. — Tous autres paiements faits pour le débiteur pour dettes échues et tous autres actes à titre onéreux par lui passés après la cessation de ses paiements et avant le jugement déclaratif de faillite, pourront être annulés si de la part de ceux qui ont traité avec lui, ils ont eu lieu avec connaissance de la cessation de ses paiements.

Pour bien montrer le caractère de cette nullité, nous ne saurions mieux faire que de la comparer avec celles prononcées par l'art. 446 du Code de Commerce et celles résultant de l'art. 1167 du Code Napoléon.

Comparons-là d'abord aux milites de l'art. 446.

1º Les nullités de l'art. 446, frappant des actes insolites qui participent tous du caractère des libéralités, sont nécessaires et rigoureuses, toutes les fois que ces actes ont eu lieu depuis la cessation des paiements ou les dix jours précédents. Au contraire, les nullités du second ordre s'appliquent aux actes ordinaires et habituels que nécessite l'exercice même du Commerce, le législateur eut injustement frustré les tiers s'il avait usé à leur égard d'une inflexible rigueur; aussi, l'art. 447, pour être applicable, exige que la personne qui a traité avec le failli ait eu connaissance de la cessation de ses paiements, et c'est ce qui explique pourquoi cet article ne peut jamais atteindre les actes faits dans les dix jours qui ont précédé cette cessation ; car, on ne peut avoir connaissance d'un événement qui n'existe pas. Du reste, alors même qu'il serait établi que les tiers connaissaient la cessation des paiements, les juges ont encore un pouvoir discrétionnaire : *pourront être annulés* ; ce qui doit s'entendre en ce sens que la nullité établie par l'article 447 ne pourra s'appliquer si l'acte qui en est l'objet n'a été préjudiciable à la masse. Et la cour suprême regarde comme sujet à cassation tout jugement qui ne motiverait pas la nullité prononcée en vertu de l'article 447, sur ce préjudice en même temps que sur la connaissance qu'avaient les tiers contractants de la cessation des paiements. (Cass. 24 déc. 1860. Dev. Car. 61. 1. 538. — Cass. 17 avril 1861. Dev. Car. 1. 600).

2o Les nullités de plein droit ne s'appliquent qu'à certains actes rigoureusement déterminés, tandis que les nullités de second ordre s'appliquent à tous actes que le débiteur a pu faire, pourvu qu'ils ne rentrent ni dans la première ni dans la troisième classe des nullités qui font l'objet de ce chapitre. Ainsi, l'art. 447 sera applicable en cas de paiement fait par le débiteur à la suite d'une saisie pratiquée par le créancier. Ainsi encore, le partage, étant un acte à titre onéreux, rentrera dans l'application de cet article; la seule raison de douter serait que l'art. 882 du Code Napoléon décide *que les créanciers d'un co-partageant ne peuvent attaquer un partage consommé s'il n'a été fait au préjudice d'une opposition qu'ils auraient formée*; mais, si la loi commerciale protége plus efficacement les créanciers en leur donnant mieux que l'article 1167 du Code Napoléon pour faire rescinder les actes de leur débiteur, pourquoi ne les traiterait-elle pas aussi plus favorablement à propos d'un partage qui compromettrait leurs droits? Nous croyons donc que la généralité de l'article 447 déroge à la spécialité de l'article 882 précité.

3° Toutes les fois qu'un paiement ou un acte à titre onéreux aura été annulé aux termes de l'article 447, le tiers obligé de rapporter à la masse ce qu'il a reçu du failli, devra aussi en rapporter les intérêts ou fruits à compter de la livraison à lui faite. En effet, cette annulation suppose la mauvaise foi; or, aux termes des articles 549, 550 et 1378 du Code Napoléon, le simple possesseur ne fait les fruits siens que lorsqu'il a été de bonne foi. Au contraire, dans le cas de l'art. 446, le tiers qui a reçu une donation a pu être de bonne foi : il ne devrait alors les intérêts ou fruits que du jour de la demande.

4° Les nullités de plein droit frappent d'une nullité radicale les actes qui y sont soumis; elles existent *in rem*, d'où, elles seront appliquées même en cas de bonne foi du tiers acquéreur. Quand il s'agira d'une nullité du second ordre, il faudra prouver contre l'ayant-cause comme il faudrait prouver contre l'auteur qu'il a eu connaissance de la cessation des paiements; c'est en effet, à cette connaissance qu'elles sont subordonnées.

Il est bien entendu, d'ailleurs, que les nullités de l'art. 447 aussi bien que celles de l'art. 446 ne peuvent être invoquées que par la masse des créanciers, et que le failli ne peut jamais s'en prévaloir.

Examinons maintenant, en quelques mots, quelles sont les différences entre les nullités prononcées par l'article 1167 du Code Napoléon et celles résultant de notre article 447.

Les premières supposent la fraude chez celui qui a contracté avec le débiteur. Qui dit *fraude* dit *connaissance de l'insolvabilité.* L'article 447 n'exige que la connaissance de la cessation de paiements ; or, la cessation des paiements ne suppose pas nécessairement l'insolvabilité ; une gêne passagère, provenant de recouvrements qui manquent de se faire, peut empêcher un commerçant très-solvable de satisfaire immédiatement ses créanciers.

En second lieu, les nullités de l'article 447 profitent à la masse entière de la faillite, aussi bien aux créanciers qui sont devenus tels depuis que l'acte a été fait qu'aux créanciers déjà existants lors de cet acte. Au contraire, l'acte annulé par l'article 1167 ne peut être rescindé qu'au profit des créanciers en fraude de qui il a été fait, par conséquent au profit des créanciers déjà existants lors de cet acte.

Enfin, l'action Paulienne ne peut s'appliquer aux paiements de dettes échues ; car le créancier qui se fait payer à l'échéance ne fait en définitive qu'exercer son droit : *jus vigilantibus prodest.* Au contraire, l'article 447, voulant que l'égalité règne entre tous les créanciers, et veillant aux intérêts des absents, applique, même aux dettes échues, la nullité du second ordre.

Avant de passer à une troisième classe de nullités, qui complète le système de la législation en cette matière, il reste à expliquer l'article 449 du Code de Commerce, qui consacre une exception à la règle posée dans l'article 447.

Art. 449. Dans le cas où les lettres de change auraient été payées après l'époque fixée comme étant celle de la cessation de paiements et avant le jugement déclaratif de faillite, l'action en rapport ne pourra être intentée que contre celui pour compte duquel la lettre de change aura été fournie. — S'il s'agit d'un billet à ordre, l'action ne pourra être exercée que contre le premier endosseur.

Dans l'un et l'autre cas, la preuve que celui à qui on

demande le rapport avait connaissance de la cessation de paiements à l'époque de l'émission du titre devra être fournie.

Une lettre de change ou un billet à ordre a été payé par le tiré ou par le souscripteur, à l'échéance, mais après la cessation de ses paiements. Le porteur sera-t-il tenu de rapporter à la masse de la faillite du tiré ou du souscripteur le montant de l'effet de commerce ?

Le porteur d'une lettre de change doit, à l'échéance, recevoir le paiement ou faire constater le refus par protêt. Si le paiement est effectué, le protêt ne peut être fait, et. sans le protêt, point de recours contre le tireur ou les endosseurs. De là, forcer le porteur, dans notre espèce, à rendre à la faillite du tiré ce qu'il a reçu, ce serait le sacrifier aux autres créanciers. D'un autre côté ce qui a été acquitté, c'est en réalité la créance de celui pour qui la lettre de change a été fournie, car le tireur ou le donneur d'ordre, dans le cas où il y aurait un tireur pour compte, sont censés avoir touché la somme par les mains du porteur, leur mandataire, qui, en cas de refus de paiement, aurait exercé son recours contre eux. Pour ces motifs, les rédacteurs de la loi du 28 mai 1838, innovant encore sur ce point, ont décidé que le porteur serait à l'abri de toute attaque; la faillite du tiré recourra contre celui pour le compte duquel la lettre de change aura été fournie, à la charge de prouver qu'il avait, au moment de l'émission du titre, connaissance de la cessation des paiements; ce qui doit s'entendre, pour le donneur d'ordre, du moment où le mandat a été donné au tireur pour compte. On ne considère que ce moment, parce que c'est alors seulement qu'ils ont joué un rôle actif.

Quant au billet à ordre, si le porteur est le bénéficiaire même du titre, il pourra être forcé de rapporter à la masse de la faillite du souscripteur ce qu'il en aura reçu après la cessation des paiements de ce dernier; mais, s'il n'est qu'un cessionnaire, les créanciers du tiré n'auront de recours que contre le premier endosseur, à charge de prouver que celui-ci avait, au moment de l'émission du titre, c'est-à-dire de l'endossement, connaissance de la cessation des paiements du souscripteur. Les raisons de décider sont les mêmes que pour la lettre de change.

SECTION III.

Troisième classe de nullités.

Nous avons vu, en expliquant le premier alinéa de l'art. 448, que les inscriptions de privilége et d'hypothèque peuvent être valablement prises sur les biens du débiteur jusqu'au jour du jugement déclaratif de sa faillite, et nous avons ajouté que c'est en cela que les rédacteurs de la loi de 1838 ont donné satisfaction à l'intérêt des créanciers hypothécaires ou privilégiés.

Mais les auteurs de la nouvelle loi avaient aussi à sauvegarder l'intérêt des tiers. Un débiteur dit à son créancier : « Je suis actuellement très-solvable ; si vous faites inscrire le privilége ou l'hypothèque que vous avez sur moi, vous ruinez mon crédit ; n'inscrivez donc pas ; plus tard, si quelque danger apparaît, vous aurez encore le temps de vous y soustraire en prenant alors une inscription. » Si la loi eut validé cet arrangement, elle eut en réalité causé des causes de préférence clandestines, opposables aux tiers qui auraient traité avec le débiteur dans l'ignorance des hypothèques et priviléges qui grevaient secrètement ses biens ; aussi, le second alinéa de l'article 448 du Code de Commerce décide que l'inscription pourra être déclaré nulle si le créancier a mis de la négligence à la prendre.

Néanmoins les inscriptions prises après l'époque de la cessation des paiements ou dans les dix jours qui précèdent pourront être déclarées nulles s'il est écoulé plus de quinze jours entre la date de l'acte constitutif de l'hypothèque ou du privilége et celle de l'inscription. »

Toutefois, ce délai de quinzaine peut être insuffisant, car l'inscription doit être prise au bureau de la conservation des hypothèques, dans l'arrondissement duquel sont situés les biens soumis à l'hypothèque ou au privilége, et il peut y avoir une distance très grande entre le lieu où l'inscription sera prise et celui où l'hypothèque aura été constituée ; aussi l'article 448 ajoute-t-il, au délai de quinzaine, *un jour à raison de cinq myriamètres de distance entre le lieu où le droit à l'hypothèque aura été acquis et le lieu où l'inscription sera prise.*

La nullité, prononcée par le deuxième alinéa de l'article 448, n'est pas une nullité de plein droit, car elle dépend de l'appréciation des juges, à laquelle elle est entièrement subordonnée. Ce n'est pas non plus une nullité de la seconde classe ; elle s'applique aux dix jours qui ont précédé l'époque de la cessation des paiements, et elle est complètement indépendante de la connaissance qu'aurait eue le créancier au moment où il a pris inscription de cette cessation de paiements, ou de l'ignorance dans laquelle il se serait trouvé à cet égard ; la nullité ne dépend que du retard qu'il a mis à sauvegarder son droit.

Je n'appliquerai pas cette nullité aux inscriptions prises pour la conservation des intérêts d'une créance valablement inscrite, ni aux renouvellements d'inscriptions, ni à l'inscription dont parle l'article 8 de la loi du 23 mars 1855, ni à la séparation des patrimoines ; mais elle frappera toutes inscriptions de privilége. Les motifs que nous avons donnés sur le premier alinéa de l'article 448 sont également applicables au second.

Enfin, si une créance a été vablement cédée par un commerçant, et que le cessionnaire laisse passer plus de jours avant de signifier la cession du débiteur cédé, et que la signification intervienne depuis que le cédant a cessé ses paiements ou dans les dix jours précédents, nous ne pourrons pas déclarer la nullité de cette signification, car les nullités ne se suppléent pas (Cass., arrêt du 19 juin 1848. Dev. Car. 48, 1 405). Il en sera de même pour la transcription faite en exécution de l'article 939 du Code Napoléon, et des articles 1 et 2 de la loi du 23 mars 1855. Les raisons de décider ne sont plus les mêmes ici que sur le premier alinéa de l'article 448; car c'est seulement à partir du jugement déclaratif que la position du failli est définitivement établie, de manière à ce qu'un acte postérieur ne puisse plus venir la modifier.

POSITIONS.

I. Le dessaisissement ne s'applique pas aux rentes sur l'Etat.

II. Le dessaisissement s'applique aux produits du commerce ou du travail auquel le failli s'est livré depuis le jugement déclaratif de la faillite.

III. Quand un mari est en faillite, la demande en séparation de biens doit être intentée contre les syndics.

IV. Un créancier chirographaire ne peut continuer après le jugement déclaratif une poursuite en expropriation commencée auparavant.

V. Quand le bail sous signatures privées n'a pas acquis date certaine, le privilége du locateur s'applique aux termes échus, à l'année courante, et à une année à partir de l'expiration de l'année courante.

VI. Le failli peut intervenir même en appel dans les causes qui concernent ses biens.

VII. Les créanciers postérieurs au jugement déclaratif de la faillite ne peuvent, tant que dure l'état de faillite, exercer la contrainte par corps contre leur débiteur.

VIII. L'exigibilité des dettes, produite par le jugement déclaratif, ne s'applique pas aux créanciers hypothécaires, privilégiés ou nantis.

IX. L'article 445 du Code de Commerce n'est pas applicable au cas où le failli ne doit que des intérêts.

X. L'article 448 du même Code ne s'applique pas à la séparation des patrimoines.

XI. Le même article est applicable au privilége et au droit de résolution du vendeur.

XII. Il faut étendre la disposition du premier alinéa de l'article 448 du Code de Commerce à toutes formalités nécessaires à la consolidation d'un droit préexistant. Le second alinéa du même article ne comporte pas cette extension.

XIII. L'héritier du failli jouit de tous les droits politiques.

XIV. Les donations faites en faveur du mariage sont comprises dans les libéralités que frappe l'article 446 du Code de Commerce.

XV. L'article 447 s'applique au partage auquel un commerçant failli aurait participé depuis la cessation de ses paiements.

XVI. Quand il n'y a pas eu de jugement déclaratif rendu par le tribunal de commerce, un tribunal civil ou criminel ne peut constater qu'un commerçant est en état de faillite et lui appliquer les effets de cet état.

TABLE DES MATIÈRES.

DROIT ROMAIN.

DE L'ENVOI EN POSSESSION ET DE LA VENTE EN MASSE DES BIENS DU DÉBITEUR.

DROIT FRANÇAIS.

DES EFFETS DU JUGEMENT DÉCLARATIF DE FAILLITE.

LILLE. — IMPRIMERIE LEFEBVRE-DUCROCQ ET CIE.

LILLE. — IMPRIMERIE LEFEBVRE-DUCROCQ.

Rue Esquermoise, 57.

www.ingramcontent.com/pod-product-compliance
Lightning Source LLC
LaVergne TN
LVHW010402060726
842526LV00005B/1455